Dominique Temple

LES DEUX PAROLES

Collection *réciprocité*

N° 3

ISBN 979-10-97505-02-8

Ce texte a été publié en castillan dans *Teoría de la reciprocidad*,
Padep-Gtz, La Paz, 2003.

SOMMAIRE

I

La réciprocité primordiale
et le principe du contradictoire

Marcel Mauss observait que dans les sociétés primitives une même structure rassemble non seulement des prestations à caractère économique et utilitaire, mais aussi :

« des politesses, des festins, des rites, des services militaires, des femmes, des enfants, des danses, des fêtes, des foires ».

Il proposa d'appeler tout ceci : le système des *prestations totales*. Dans son *Essai sur le don*[1], il s'intéresse à une structure héritée de ces prestations d'origine qu'il appelle *l'échange-don*, et qu'il analyse à partir de trois obligations : *donner, recevoir et rendre*. Or, dans les prestations totales, le face-à-face des clans, des tribus, des familles n'est pas seulement témoignage d'amitié ou d'hostilité, mais *simultanément* d'amitié et d'hostilité.

Mauss n'insiste pas sur cette simultanéité. Néanmoins, lorsqu'il parle d'une relation de solidarité, il emploie l'expression paradoxale "d'affrontement" :

« les personnes présentes au contrat sont des personnes morales : clans, tribus, familles, qui s'affrontent et s'opposent (...) »[2].

---

1   Marcel Mauss, « Essai sur le don. Forme et raison de l'échange dans les sociétés archaïques », *L'Année sociologique*, seconde série, 1923-1924 ; réédition *Sociologie et Anthropologie*, Paris, PUF (1950), 1991.

2   *Ibid.*, p. 150.

Et lorsqu'il propose un exemple de *prestations totales*, il choisit celui des communautés d'Australie dites *dualistes* parce qu'essentiellement divisées en deux moitiés. Dans ces communautés, une certaine hostilité entre les moitiés solidaires empêche qu'elles fusionnent dans une seule entité collective et unitaire.

Lévi-Strauss n'insiste pas plus que Mauss sur l'équilibre de l'hostilité et de l'amitié, mais il le met nettement en valeur dans sa définition des organisations dualistes :

« *Ce terme définit un système dans lequel les membres de la communauté – tribu ou village – sont répartis en deux divisions, qui entretiennent des relations complexes allant de l'hostilité déclarée à une intimité très étroite, et où diverses formes de rivalité et de coopération se trouvent habituellement associées…* »[3].

Lévi-Strauss a donné une description colorée d'une situation où naît une telle organisation dualiste : la rencontre de deux bandes nomades d'Amérindiens du Brésil, les Nambikwara. Deux communautés étrangères l'une à l'autre aperçoivent les fumées de leurs foyers. Elles se rapprochent avec crainte et espoir. Elles campent bientôt à proximité, s'épient, s'entrevoient. Lorsque la rencontre a lieu, qui va durer une nuit entière, les manifestations d'inimitié des uns se croisent avec les gestes d'amitié des autres. Les cadeaux passent des uns aux autres sans comptabilité ni marchandage, avec la plus grande générosité mais aussi le plus souvent avec des allures de défi. Il est impossible de décider si l'aube se lèvera sur la paix ou la guerre. Le temps de l'ambiguïté et de l'indécision d'un équilibre entre la confiance et la méfiance ne parvient pas à se rompre pour céder la place à la fusion des deux groupes ou à leur séparation.

---

3   Claude Lévi-Strauss, *Les structures élémentaires de la parenté*, Paris-La Haye, éd. Mouton & Co, (1947), 1967, p. 80.

8

Lorsque, après plusieurs rencontres, les Nambikwara décident de s'allier pour ne former qu'une seule entité sociale, ils pérennisent cet instant d'équilibre en s'appelant les uns les autres "beaux-frères", comme si les femmes des uns avaient été prises parmi les sœurs des autres.

Les deux groupes ne décident donc pas de s'appeler "frères" et de s'unir dans une seule famille. Ils ne choisissent pas non plus des termes étrangers qui autoriseraient que chacun échange avec l'autre et s'en retourne chez lui fort de s'être enrichi des biens qu'il espérait. Ils choisissent les termes de parenté qui renvoient à une *relation de réciprocité* originelle car lorsque l'on prend femme, l'autre, le frère de l'épouse, est nécessairement vis-à-vis.

Une telle structure de réciprocité supporte un *sentiment contradictoire* parce que résultant de l'équilibre de forces antagonistes d'attirance et de méfiance. Mais cette situation est dénouée au profit d'une relation nouvelle génératrice d'un sentiment de paix et de confiance lorsque la réciprocité devient, grâce à la médiation de la parole, une relation d'alliance.

Lévi-Strauss rapprochait cette rencontre d'une pratique courante dans notre société qu'il observait dans les modestes restaurants languedociens : l'offre réciproque du vin qui vient dissiper la gêne née d'une situation que l'on peut qualifier également de *contradictoire* due au rapprochement à la même table de personnes fort éloignées les unes des autres...[4].

La réciprocité d'origine est fondée sur le *principe du contradictoire* et le *principe de réciprocité*, le second servant de siège ou de matrice au premier. Dans le face-à-face ainsi scellé, l'affrontement, comme dit Mauss, et la solidarité sont intimement *équilibrés*. La réciprocité, parfois réduite à une simple symétrie ou réversibilité, parfois confondue avec une complémentarité de forces opposées, existe donc sous une

---

4   *Ibid.*, pp. 69-70.

autre forme caractéristique des organisations humaines. Elle est alors la réalisation pour chaque partenaire d'un équilibre permanent entre forces antagonistes : vivre et mourir, acquérir et perdre, nourrir et être nourri, être identique et différent, attirer et repousser...

De tels équilibres n'existent nulle part ailleurs dans la nature. Deux prédateurs peuvent certes se trouver face à face, mais chassent ensemble ou s'affrontent jusqu'à ce que l'un triomphe de l'autre. Même le mâle et la femelle ne restent pas en face l'un de l'autre : ils fusionnent et se séparent ensuite. Seuls les hommes se reconnaissent dans un équilibre de forces antagonistes où la conscience élémentaire de celui qui agit se redouble de la conscience élémentaire de celui qui subit, de sorte que de leur *relativisation mutuelle* naisse une *conscience de conscience*.

La réciprocité permet en effet à celui qui agit sur autrui de subir en même temps cette action puisqu'elle est reproduite à son endroit par l'autre. Elle permet donc que chacun dispose à la fois de sa perception initiale et de la perception antagoniste qui était celle de son vis-à-vis. La structure de réciprocité est le siège privilégié d'une résultante contradictoire de ces perceptions antagonistes à l'origine de toute *conscience de conscience*.

Lorsque la relativisation de deux consciences élémentaires antagonistes est complète, la conscience de conscience qui en résulte devient le sentiment de l'être-même de la conscience. Or, ce sentiment n'est pas seulement pour-soi mais *simultanément* pour-soi-et-pour-l'autre. Dans la réciprocité, l'être-pour-autrui est l'origine de l'être-pour-soi.

La réciprocité est le siège d'une révélation commune à deux (ou plusieurs) partenaires, révélation qui paraît ainsi s'imposer de l'extérieur à chacun et s'accomplir en chacun. Elle est le siège d'un bien hors nature. Le sentiment qui naît de la réciprocité est donc reçu comme celui de l'humanité pour tous ceux qui participent de sa matrice.

L'homme est d'abord *l'hôte* de l'humanité. Ce bien est le sentiment de l'être-même de la conscience, propre à tous ceux que la réciprocité implique ; c'est-à-dire à tous les membres de la communauté, comme l'a observé Marcel Mauss. Les prestations primitives sont *totales* parce qu'elles engagent hommes, femmes, enfants, familles et clans...

Les *prestations totales* sont l'ensemble des activités prises dans le filet d'une structure unique de réciprocité qui a pour raison l'*équilibre* des forces mises en jeu. Toute chose concernée par cette structure se voit dotée d'une valeur commune que Mauss appela le *mana*.

LE PRINCIPE DU CONTRADICTOIRE, L'AFFECTIVITÉ ET
LA CONSCIENCE OBJECTIVE

Le principe du contradictoire a été défini comme une *situation contradictoire* par Lévi-Strauss, mais en tant que résultante de la relativisation mutuelle des contraires il peut être étudié comme l'épreuve originelle de la conscience. Peut-on déceler ce principe à la base de tout système de parenté ?

Dans le premier chapitre d'*Anthropologie Structurale*, Lévi-Strauss montre que la structure de parenté la plus simple repose sur quatre termes :

« *(frère, sœur, père, fils) unis entre eux par deux couples d'oppositions corrélatives, et tels que, dans chacune des deux générations en cause, il existe toujours une relation positive et une relation négative* »[5].

---

5   Claude Lévi-Strauss, *Anthropologie structurale*, Paris, Plon, 1958, rééd. 1974, tome 1, p. 56.

L'atome de parenté est donc structuré de telle manière que la somme des relations d'hostilité et d'amitié déclarées soit algébriquement nulle ; c'est-à-dire que ces relations affectives oscillent autour d'une *résultante contradictoire*.

Ces relations élémentaires peuvent certes être modifiées, mais la règle demeure : la somme des relations qualifiées reste toujours neutre, toute expression négative est compensée par une relation positive.

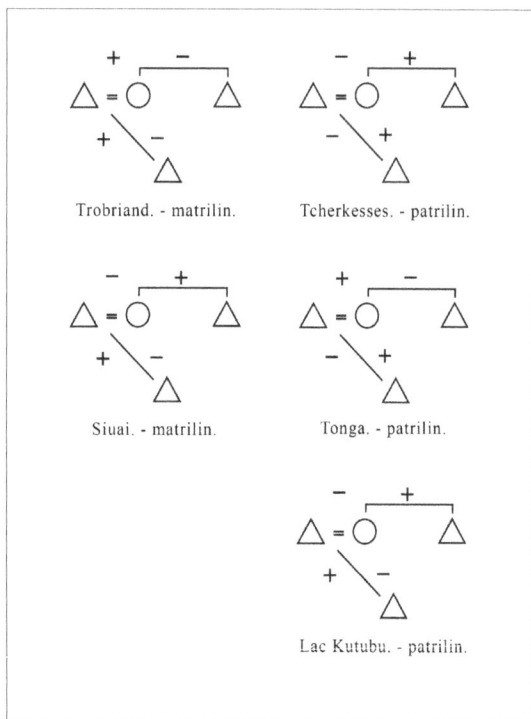

Trobriand. - matrilin.

Tcherkesses. - patrilin.

Siuai. - matrilin.

Tonga. - patrilin.

Lac Kutubu. - patrilin.

(Lévi-Strauss, *Anthropologie structurale* 1, p. 54)

Il s'agit, dans ces exemples, de l'équilibre d'attitudes recevant une qualification.

12

Mais Lévi-Strauss précise :

« *En réalité le système des attitudes élémentaires comprend au moins quatre termes : une attitude d'affection, de tendresse et de spontanéité ; une attitude résultant de l'échange réciproque de prestations et de contre-prestations ; et, en plus de ces relations bilatérales, deux relations unilatérales, l'une correspondant à l'attitude du créancier, l'autre à celle du débiteur. Autrement dit : mutualité (=) ; réciprocité (+ −) ; droit (+) ; obligation (−) ; ces quatre attitudes fondamentales peuvent être représentées dans leurs rapports réciproques de la façon suivante :*

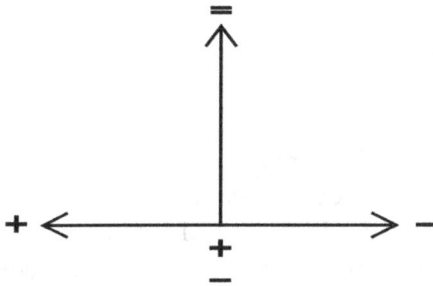

(Lévi-Strauss, *Anthropologie structurale* 1, p. 60)

Cette représentation fait apparaître deux attitudes nouvelles qui n'ont pas de qualification ni positive ni négative : l'une pour l'affectivité pure (=) "spontanéité" et "tendresse", très proche de ce sentiment d'être homme qui naît au cœur de la conscience de conscience comme sentiment de l'être même de l'humanité ; l'autre (+ −), son inverse, qui témoigne d'une absence de sentiment ou d'affectivité partagée et qui caractérise l'échange, que Lévi-Strauss appelle *réciprocité*.

Regardons le schéma proposé par Lévi-Strauss. Le signe de la mutualité (=) se trouve sur un axe perpendiculaire à celui de la simple opposition du + ou du − , de façon à s'opposer à son contraire représenté par le point (+ −). Le point (+ −) est médian entre le + et le − de l'axe horizontal ; il est appelé par

13

Lévi-Strauss *réciprocité*, mais en l'occurrence Lévi-Strauss veut dire *l'échange réciproque* puisqu'il attribue le signe positif au débiteur, et le signe négatif au créancier.

Il voudrait signifier dans le débiteur un donataire et dans le créancier un donateur, la conclusion serait la même. Il y aurait deux solutions à leur relation : ou bien ils redoubleraient chacun le don de l'autre afin de créer de l'amitié, ou bien le second annulerait le don du premier par son contre-don, interprété comme un échange afin de rétablir une situation d'indifférence mutuelle.

Dans *l'échange*, les deux protagonistes remplacent une part de leurs biens matériels par une part des biens matériels de l'autre[6]. Chacun des partenaires n'ayant pour but que son intérêt se retrouve seul avec lui-même. L'*échange*, Lévi-Strauss l'a noté, est sans affectivité sinon le contentement de soi, il est en tout cas dépourvu de la moindre amitié.

À l'opposé de l'échange, Lévi-Strauss situe donc la *mutualité* – à l'évidence la valeur de la vraie réciprocité – d'où naît un plus d'être de "tendresse et de spontanéité"... une *amitié*.

La géométrisation introduite par Lévi-Strauss permet de dépasser les confusions de vocabulaire. Elle introduit la distinction de l'*échange* et de la *réciprocité*, bien que celle-ci soit appelée "mutualité", et l'échange "réciprocité" (par Lévi-Strauss). Elle apporte au système des attitudes qualifiées, système qui tend vers celui des appellations de parenté, une correction importante puisqu'elle ajoute une affectivité qui témoigne directement de la réciprocité, et une absence d'affectivité qui témoigne de sa négation par l'échange. Elle fait apparaître un axe de l'affectivité pure. Enfin, elle suggère que si

---

6   Nous respectons l'acception générale que notre société donne de l'échange : "on échange une chose pour une autre". L'échange implique un avoir, il implique aussi un intérêt pour un autre avoir, il réalise la substitution d'un avoir par un autre.

l'affectivité globale d'une structure sociale peut être positive sur l'axe du contradictoire, par contre la somme des affectivités qualifiées, elle, est toujours nulle.

Les conséquences des observations de Lévi-Strauss sont trop riches pour être répertoriées dans le cadre de cet article[7]. Notons seulement que dans une structure sociale de réciprocité, chacun est tributaire de son statut communautaire, et que l'individu peut avoir à supporter des charges affectives qui tendent à rétablir des équilibres dont les perturbations ont été produites fort loin de lui et dont il ignore les causes. Le destin est nécessité structurale. Mais la résolution d'un tel sentiment né de la contradiction de forces opposées n'a pas d'équivalent dans la nature : la Parole.

Le sentiment d'humanité qui naît de la réciprocité ne se contente pas d'être, il se manifeste, il se nomme. L'être social qui prend siège dans cette structure primordiale se nomme comme tel peut-être parce qu'il est justement libéré de toute détermination naturelle. On peut imaginer que l'homme fut à ce point fasciné par l'être qui naît de la réciprocité, c'est-à-dire par sa propre émergence en tant qu'être révélé à lui-même, qu'il ne put pas ne pas engager tout de son existence dans sa production.

À l'origine, le premier nom qui émerge de cette réciprocité très générale est : *« Nous voici les hommes »*, *« Nous sommes les hommes authentiques »*, *« Voilà ceux qui sont par eux-mêmes »*, tel est toujours le premier nom pour dire que la grâce d'une conscience révélée à elle-même est le propre de l'homme. La grâce est au cœur de la conscience de conscience quand elle n'est encore qu'une conscience de conscience *une*, pure et indivise, révélation sans attribut particulier, sentiment de son

---

7   Cf. Dominique Temple, *Lévistraussique. La réciprocité et l'origine du sens*, Collection *réciprocité*, n° 6. 1ère publication dans *Transdisciplines*, Paris, L'Harmattan, avril 1997, pp. 9-42.

être propre ; c'est-à-dire encore le *sentiment de l'être.*

La raison de la réciprocité est de permettre la naissance d'un *lien* plus fort que celui de la nécessité biologique. Nous employons le mot *lien* parce qu'il a une valeur anthropologique : c'est le *lien d'âmes* de Marcel Mauss. Une telle force est indivise. Elle ne peut être comptée au bénéfice de quoi que ce soit, ni au profit de qui que ce soit : elle paraît venir d'ailleurs. Pas plus en effet qu'elle n'exclut aucune activité humaine, elle n'exclut personne.

Comment s'effectue ensuite la répartition de ce sentiment entre les diverses relations humaines ? Chaque activité qui se réalise comme relation de réciprocité devient la source d'un moment contradictoire spécifique et acquiert un sens propre. Si chaque groupe subit un meurtre et tue à la fois, la contradiction des deux consciences élémentaires d'être tué et de tuer devient un sentiment particulier, différent de celui de nourrir et d'être nourri, de protéger et d'être protégé... Si le sentiment d'humanité s'exprime dans le don des vivres, c'est d'être vivant et non pas seulement d'être homme que se précise le sentiment d'être.

Maurice Leenhardt[8] rapporte que les Kanak, sur les îles Lifou, se nomment *Kamo. Mo* est une particule qui fait partie d'un duel (*"mo-ro"*) et veut dire "vie", tandis que *ro* veut dire "inerte". Les *Kamo* sont donc les êtres qui se disent « *Ceux qui sont vivants* ».

L'humanité du premier nom s'éclaire ainsi de l'opération dans laquelle elle est plus précisément engagée. Or, chaque fois que s'ouvre une relation de réciprocité spécifique, apparaît un décalage entre l'action et la réponse. L'activité qui n'est pas toute relativisée par son activité antagoniste est conjointe à une conscience élémentaire non-contradictoire.

---

8   Maurice Leenhardt, *Do Kamo, La personne et le mythe dans le monde mélanésien,* (1947), Paris, Gallimard, 1985.

Chaque fois que la relation de réciprocité est de ce fait polarisée par la domination d'un terme sur l'autre, se crée un déséquilibre qui surimpose au sentiment initial sa visée propre. Un tel déséquilibre se traduit immédiatement par l'apparition d'une image objective qui prend le dessus du sentiment. Par exemple, l'un donne aujourd'hui et l'autre ne rendra qu'un jour prochain ; la conscience élémentaire conjointe à l'acte de donner vient "border" le sentiment d'être humain d'une image particulière.

Entre l'équilibre du *contradictoire* manifesté par le sentiment pur et les consciences élémentaires non-contradictoires, des situations intermédiaires permettent à chaque conscience élémentaire de dominer sa conscience antagoniste. La conscience de conscience qui se résolvait en un sentiment d'être devient alors la conscience d'une conscience particulière. Le donateur voit la perception élémentaire conjointe à l'acte du don, et qui est le contraire de cet acte (c'est-à-dire ici dans l'acte du don l'image d'une acquisition) émerger du sentiment d'être comme une limite, un horizon à ce sentiment. Dès lors, le donateur a la conscience d'accroître son être. Cette acquisition est le *prestige,* qui resplendit d'autant plus que c'est l'être lui-même qui se diffuse dans l'image d'acquérir.

Chaque fois que la relation de réciprocité est polarisée par la domination de l'un des deux termes conjoints par le réciproque sur l'autre, le sentiment – que Mauss appelait *mana* – diminue en laissant apparaître le reflet de l'un des termes mis en jeu. Une part du *mana* se transforme donc en cet horizon qui naît dès lors qu'une initiative vient orienter la relation de réciprocité. Le *sens* diffère de l'*être* parce qu'il est de l'être donné à une image objective qui correspond à un déséquilibre du *contradictoire.*

La parole a du sens pour autrui autant que pour soi parce qu'elle désigne ce qui participe à l'être dans le réciproque : donner *et* recevoir, tuer *et* être tué, etc.[9] Néanmoins, le sentiment d'être, dès le moment où il se représente par quelque chose, doit concilier l'être auquel il se réfère et l'action ou la chose par laquelle il se représente, et qui, pour être de l'ordre de la nature, est caractérisée comme non-contradictoire.

Ce passage du *contradictoire* au signifiant non-contradictoire est lui-même l'occasion d'une alternative car le *contradictoire* peut se traduire par l'un ou l'autre des deux pôles non-contradictoires dont il est le foyer : soit être unifié, focalisé sur l'unité, soit être divisé, partagé entre deux pôles.

Deux processus logiques vont ainsi être engagés dans la manifestation de la Parole, et conduisent l'un à un *terme unique* qui rendra compte de ce qui naît dans la réciprocité, l'autre à *deux opposés* qui se différencient l'un l'autre mais qui ensemble signifient également ce qui naît dans la réciprocité : "union" et "opposition".

L'union ploie dans son expression non-contradictoire le *contradictoire* ; c'est la Parole que nous appellerons *Parole d'union*. Ou bien l'opposition déploie le *contradictoire* dans le non-contradictoire inverse, celui de la différence, c'est le *principe d'opposition* reconnu par Lévi-Strauss, que nous appellerons *Parole d'opposition*.

Il y a deux manifestations de l'être dans la direction de l'un ou de l'autre des deux pôles de la relation dont il est lui-même le cœur : l'identité et la différenciation, l'homogène et l'hétérogène, l'un et le double.

---

9   C'est parce qu'il naît dans la réciprocité que le terme originel paraît à l'observateur avoir d'abord deux sens, alors qu'il n'en a qu'un pour chacun de ceux qui participent à la relation elle-même.

La Parole d'union s'exprime par un seul terme (le Milieu, le Centre, l'Axe, le Mélange, le Gris, le Cœur...). La Parole d'opposition s'exprime par l'actualisation de la différenciation qui se traduit par une opposition relative de deux termes (le Bas et le Haut, l'Est et l'Ouest, l'Amont et l'Aval, l'Ombre et la Lumière...). Aristote nommait cette opposition de différenciation "l'opposition corrélative".

Le langage est d'abord l'exploration des possibilités offertes par le développement de ces deux Paroles. Quel est ensuite leur devenir ?

II

La Parole d'opposition
et le principe dualiste

Le nom des organisations dualistes vient de ce qu'elles sont divisées en moitiés. Mais ces moitiés sont toujours le support à la fois de l'amitié et de l'inimitié. Il est donc possible de les envisager comme chacune double, comme s'il y avait deux moitiés qui s'entraident, amies, superposées à deux moitiés qui s'opposent, ennemies.

Le principe dit *dualiste* fait en sorte que les moitiés ennemies soient les moitiés amies. Cet équilibre est bien mis en valeur par la définition que Lévi-Strauss en propose et que nous avons déjà citée :

« *Ce terme définit un système dans lequel les membres de la communauté – tribu ou village – sont répartis en deux divisions, qui entretiennent des relations complexes allant de l'hostilité déclarée à une intimité très étroite, et où diverses formes de rivalité et de coopération se trouvent habituellement associées* »[10].

Lévi-Strauss illustre ensuite le rôle d'une modalité fondamentale de la fonction symbolique qu'il appelle le "principe d'opposition" :

« *Deux héros culturels, tantôt frères aîné et cadet, tantôt jumeaux, jouent un rôle important dans la mythologie ; la bipartition du groupe social se continue souvent par une bipartition des êtres et des choses de l'univers, et les moitiés sont associées à des oppositions caractéristiques : le*

---

10   Lévi-Strauss, *Les structures élémentaires de la parenté*, *op. cit.*, p. 80.

Rouge et le Blanc, le Rouge et le Noir, le Clair et le Sombre, le Jour et la Nuit, l'Hiver et l'Été, le Nord et le Sud ou l'Est et l'Ouest, le Ciel et la Terre, la Terre Ferme et la Mer ou l'Eau, le Gauche et le Droit, l'Aval et l'Amont, le Supérieur et l'Inférieur, le Bon et le Mauvais, le Fort et le Faible, l'Aîné et le Cadet ».

Puis, il revient à l'équilibre du positif et du négatif car les conditions du contradictoire sont aussitôt rétablies :

« Enfin, les moitiés sont liées l'une à l'autre, non seulement par les échanges de femmes, mais par la fourniture de prestations et de contre-prestations réciproques de caractère économique, social et cérémoniel. Ces liens s'expriment fréquemment sous la forme de jeux rituels, qui traduisent bien la double attitude de rivalité et de solidarité qui constitue le trait le plus frappant des relations entre moitiés. (...) Comme nous essayerons de le montrer, le système dualiste ne donne pas naissance à la réciprocité : il en constitue seulement la mise en forme »[11].

Autrement dit, la mise en forme du principe de réciprocité est la constante réactualisation d'équilibres entre forces contraires.

LA QUADRIPARTITION

Dans un cas particulier isolé par Tristan Platt[12] dans les Andes boliviennes, chez les Macha, l'organisation dualiste paraît dédoublée en quatre moitiés, deux pour la solidarité et deux pour l'hostilité.

Les communautés des Andes contrôlent l'agriculture, de sorte que la même communauté possède des terres en altitude et des terres dans la vallée. Le contrôle écologique retentit sur

---

11 *Ibid.,* pp. 80-81.
12 Tristan Platt, « Symétries en miroir. Le concept de *yanantin* chez les Macha de Bolivie », *Annales,* Collection Persée, 33e année, n° 5-6 septembre-octobre, Paris, Armand Colin, 1978, pp. 1081-1107.

la réciprocité : le berger de lamas d'en haut travaille pour le cultivateur de maïs d'en bas, et réciproquement. Les deux moitiés d'en haut et d'en bas, que Tristan Platt appelle *puna* et *vallée*, sont si dépendantes économiquement l'une de l'autre qu'il serait périlleux pour l'une et pour l'autre de rompre leur *solidarité*.

Les deux moitiés ne peuvent remettre en question leur complémentarité qui ressemble à une complémentarité biologique. Le sens de *haut* et *bas* est fixé par les contraintes de la nature. Le *haut* est "écologiquement" haut et non pas seulement l'opposé imaginaire de l'autre moitié, et le *bas* est "écologiquement" bas. Cette surdétermination empêche de modifier les contenus des moitiés : il est définitivement positif. Les alliances matrimoniales qui ont lieu entre *puna* et *vallée* deviennent des relations *symétriques* de pure solidarité.

Mais Tristan Platt observe qu'il existe alors deux autres moitiés (*Urinsaya* et *Aransaya*) qui se partagent la montagne non plus par un plan horizontal mais par un plan vertical, et ces deux moitiés sont destinées à *s'opposer* périodiquement et réciproquement en des affrontements qui peuvent aller jusqu'à mort d'hommes.

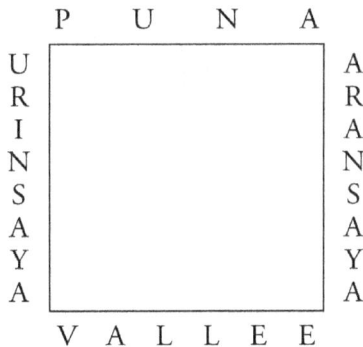

Système quadripartite de la société macha
(Schéma D. Temple).

23

Entre ces deux moitiés *Urinsaya* et *Aransaya*, il n'y a jamais de relations matrimoniales mais leur "équivalent antagoniste". La description de Tristan Platt est très suggestive de cette équivalence :

« *Dans certains cas, en l'absence des autorités publiques – spécialement durant les "ch'ajwas"* (affrontements) – *les combats peuvent atteindre un tel degré de férocité que les victimes sont dépecées à mains nues (on dédaigne le couteau) et mangées : j'ai entendu des Macha vanter leur réputation de "runamikhuj" ("mangeur d'hommes"). (…) On m'a rapporté que les membres d'Aransaya avaient un jour saisi la femme du kuraka d'Urinsaya, et l'avaient violée collectivement. Sans entrer ici dans une analyse détaillée des combats, il faut souligner la connotation sexuelle des deux moitiés, implicite dans les noms "moitié du haut" et "moitié du bas". Le viol collectif rendait explicite cette relation ; de plus, manger et se battre sont tous deux identifiés à la copulation dans d'innombrables histoires, plaisanteries et devinettes* »[13].

Connotation sexuelle, mais inversion de système. L'équivalence entre dévorer et s'accoupler, se battre et s'allier est une *équivalence* à condition de passer d'un système de *réciprocité négative* (la réciprocité de vengeance) à un système de *réciprocité positive* (la réciprocité des dons)[14].

De cette équivalence on peut déduire l'hypothèse que les deux systèmes de moitié, décrits par Tristan Platt, représentent ce dont un système dualiste offre la *synthèse* par la superposition d'une relation d'amitié et d'une relation d'hostilité d'intensité

---

13 *Ibid.*, p. 1091.
14 L'équilibre contradictoire initial des communautés se dédouble très généralement en deux *formes* de réciprocité contraires : ici, l'hostilité ou la rivalité prévaut et se développe un système de *réciprocité négative*, c'est-à-dire de vengeance, généralement tournée vers l'extérieur et sous la conduite des hommes. Vers l'intérieur, la bienveillance prévaut et la réciprocité se développe sous une forme positive : le don, souvent placé sous l'autorité des femmes.

égale[15].

Pour ces quatre moitiés, Tristan Platt emploie le terme de "quadripartition". Comme les deux premières moitiés sont écologiquement *haut* et *bas*, et que les deux autres *Urinsaya* et *Aransaya* pourtant latérales d'un point de vue topologique se nomment de termes qui veulent dire *supérieur* et *inférieur*, Tristan Platt estime que :

« Le système quadripartite peut être considéré comme le résultat d'une double opération à partir de la seule opposition haut/bas »[16].

Mais, alors, on ne comprend pas pourquoi deux moitiés sont hostiles et deux autres alliées... Ne devraient-elles pas être toutes hostiles ou toutes alliées ?

Comme l'auteur emploie aussi le terme de "quadripartition" pour définir la réciprocité d'alliance entre les moitiés *puna* et *vallée,* et qu'il l'emploie de nouveau pour les manifestations d'hostilité entre les moitiés *Urinsaya* et *Aransaya* parce que ces manifestations d'amitié ou d'hostilité sont dédoublées entre hommes et femmes, il faut admettre qu'il s'agit pour lui d'un principe logique a priori sans contenu et qui peut être appliqué à de nombreuses situations sans rapports entre elles. Les Macha, et de façon plus générale les Andins, penseraient en utilisant des formes géométriques, ils penseraient *"par carrés"*...

---

15 Lévi-Strauss dit en effet à propos de la similitude des rapports alimentaire et sexuel : *« Ici encore on atteint le niveau logique par appauvrissement sémantique : le "plus grand" commun dénominateur de l'union des sexes et de celle du mangeur et du mangé, est que l'une et l'autre opèrent une conjonction par complémentarité. »* Cf. *La pensée sauvage*, Paris, Plon, 1962, p. 140.

16 Platt, *op. cit.*, p. 1087.

John V. Murra et Nathan Wachtel[17] ont discuté cette façon de voir et proposent l'interprétation suivante :

« *En fait, le sens profond du dualisme andin transparaît sans doute dans un de ses traits les plus originaux, à savoir sa structure en "jeux de miroir" : les éléments qui entrent dans une des catégories classificatoires sont susceptibles de dédoublements indéfinis. C'est ainsi que la moitié du Haut se décompose en une partie perçue comme le Haut du Haut, et une autre considérée comme le Bas du Haut (et ainsi de suite pour les autres catégories). Ces dédoublements se croisent, se chevauchent, engendrent des quadripartitions complexes, dessinant des configurations diverses suivant le point de vue adopté »*[18].

La règle énoncée par Murra et Wachtel devrait trouver une vérification dans l'observation d'une progression arithmétique puisque chaque dualité est susceptible de se dédoubler seule et indépendamment de l'autre. D'autre part, le contenu d'une série dichotomique devrait être le plus souvent identique. À chaque dichotomie, on devrait trouver de nouvelles unités semblables aux précédentes.

La vérification de cette construction structuraliste devrait être relativement aisée… et, quoi qu'il en soit, le terme *quatre* ne devrait pas mériter ici une préséance sur le terme *deux*. Le terme de "quadripartition" devient redondant par rapport à celui de "bipartition". Il n'a en effet pas d'autre signification que la réitération du *principe d'opposition* de Lévi-Strauss. La terminologie de Tristan Platt témoigne néanmoins d'une intuition qui ne se laisse peut-être pas réduire au "dédoublement" de John V. Murra et Nathan Wachtel. Les Andins penseraient-ils *par carrés* ?

Les observations de Tristan Platt soulignent une surdétermination écologique entre *puna* et *vallée*. Celle-ci

---

17 Murra, John V. & Nathan Wachtel, « Présentation » [liminaire], *Annales,* 33e année, n° 5-6, Paris, Armand Colin, 1978, pp. 889-894.
18 *Ibid.*, pp. 892-893.

conduit à quatre moitiés alors que deux permettent normalement l'équilibre de réciprocité. On passe ainsi de la relativisation mutuelle du négatif et du positif, qui a normalement lieu dans les organisations dualistes, à une séparation du positif et du négatif, mais aussi à leur exacerbation. Cette exacerbation serait-elle nécessaire pour que l'un ne puisse s'effacer dans la conscience avant que d'être confronté avec l'autre ? Ou, plus exactement, ne serait-ce pas l'excès de l'un qui permettrait sa confrontation avec l'excès de l'autre ?

Les quatre moitiés sont en effet *indissociables* en dépit d'être complètement *opposées* deux à deux. Les organisations quadripartites apparaissent ainsi comme des organisations dualistes où les forces qui soutiennent l'équilibre contradictoire de l'amitié et de l'inimitié sont séparées. Ces forces sont écartelées mais aussitôt exagérées comme si elles pouvaient ainsi engendrer une résultante contradictoire dans la conscience des membres de la communauté en dépit de leur distinction.

La quadripartition visualiserait donc des termes ailleurs superposés, mêlés et relativisés. Dans cette hypothèse, la quadripartition ne peut être ramenée à la simple réitération d'une dichotomie formelle. La quadripartition, telle que nous l'interprétons, implique que la réciprocité apparaisse sous une modalité très particulière. Entre les moitiés surdéterminées Puna/Vallée, la relation est en effet exclusivement d'alliance. L'élément d'en haut et l'élément d'en bas sont solidaires et seulement solidaires. Une telle réciprocité ramène l'alliance matrimoniale à une complémentarité biologique. Elle réduit le système de parenté à une symétrie de solidarités : "*l'échange*" des sœurs ou des filles (la sœur de celui d'en haut va en bas tandis que la sœur d'en bas va en haut).

Les rites, que nous rappelle Tristan Platt, évoquent alors un dualisme où prend place l'expression négative de la réciprocité, mais seulement sous forme de *vestige* ou de *réminiscence*. Dans le rite de la fondation d'un foyer, par exemple, deux hommes qui se déguisent en oiseaux vont sur le toit simuler un début de construction de nid qui se termine par une dispute, tandis que deux hommes en bas accumulent et confondent ensemble les biens des deux époux dans la maison en se déguisant en écureuils... Les Macha disent eux-mêmes, observe Tristan Platt, qu'une famille n'est pas le résultat de la complémentarité de deux opposés : « *On dit parfois que chaque famille est "tawantin" (composée de quatre éléments)* »[19].

Ainsi, la réciprocité de parenté échapperait-elle, dans sa définition originaire, à la surdétermination de la réciprocité des dons !

Cependant, un terme macha définit aussi la réciprocité de pure solidarité : *"yanantin"* :

« *Yanantin est formé de la racine yana (= aide ; cf. yanapay = aider) et de la terminaison -ntin. Solá (1967) décrit -ntin comme "inclusif, avec des implications de totalité, inclusion spatiale d'une chose dans une autre, identification de deux éléments comme membres de la même catégorie". On peut donc traduire littéralement yanantin par "ceux qui s'entraident unis dans une seule catégorie"* »[20].

On comprend que le terme *yanantin* soit par dérivation utilisé pour définir la paire et toute symétrie bilatérale. Les yeux, les oreilles, les mains, les jumeaux de même sexe, etc. sont *yanantin*. La quadripartition conduit ainsi à définir les moitiés positives et les moitiés négatives comme des paires *"yanantin"*, chacune obéissant à une réciprocité que nous qualifierons de *univoque*, c'est-à-dire d'une seule dimension, l'amitié ou l'hostilité. Dans la quadripartition, étudiée par Tristan Platt, l'écartèlement des fonctions positives et négatives conduit donc à deux systèmes de réciprocité univoque. Mais chaque système est le contraire de l'autre.

---

19 Platt, *op. cit.*, p. 1089.
20 *Ibid.*, p. 1096.

Le terme dualiste est fréquemment utilisé pour dire une réciprocité de type *yanantin*. Or, l'organisation dualiste vraie met en face à face non seulement la solidarité mais aussi l'hostilité, et de façon telle que l'hostilité et l'amitié s'équilibrent pour maintenir entre les uns et les autres un certain espace contradictoire. Si l'on voulait garder le sens que lui prête Nathan Wachtel de simple réduplication, le terme dualiste serait insuffisant pour décrire de telles communautés. Il faudrait le compléter d'un concept qui signifierait que la dualité positive *se croise* avec une dualité semblable mais négative. Il faudrait inventer un "principe de croisée" dont la fonction serait de restaurer la relation d'hostilité là où il y a relation d'identité afin de *créer* du "contradictoire". On comprendrait alors que dissociées, ces relations puissent se disposer selon l'image d'un carré ou encore d'une croix pour traduire l'adoption par chaque terme opposé d'une part de l'autre, ou le redoublement d'une opposition par cette opposition inversée.

Les formes de la réciprocité pourraient donc se définir par cette matrice :

$$
\begin{array}{c|cc}
 & + & - \\
\hline
+ & +\,+ & +\,- \\
\\
- & -\,+ & -\,- \\
\end{array}
$$

Système quadripartite
(Schéma D. Temple)

Une telle matrice fait apparaître deux formules dualistes vraies (+ –) et deux formules de réciprocité univoque (++) et (– –) dont l'opposition forme le "système quadripartite".

L'ORIGINE DE LA QUADRIPARTITION

Comment passe-t-on de la notion de dualisme à celle de quadripartition, ou l'inverse ?

Dans sa thèse sur la réciprocité de parenté, Lévi-Strauss expliquait :

« Nous comprenons sous le nom d'échange restreint tout système qui divise le groupe, effectivement ou fonctionnellement, en un certain nombre de paires d'unités échangistes et telles que, dans une paire quelconque X-Y, la relation d'échange soit réciproque : c'est-à-dire qu'un homme X épousant une femme Y, un homme Y doit toujours pouvoir épouser une femme X. La forme la plus simple de l'échange restreint est donnée dans la division du groupe en moitiés exogamiques, patrilinéaires ou matrilinéaires. Si l'on suppose qu'à une dichotomie fondée sur l'un des deux modes de filiation, se superpose une dichotomie fondée sur l'autre, on aura un système à quatre sections au lieu de deux moitiés »[21].

Une analyse de Marshall Sahlins[22] du système de réciprocité des Moalan (Est des îles Fidji), nous permet d'être plus explicite. À l'île de Lau, *« toutes choses vont par deux »*. L'organisation sociale est typiquement dualiste.

---

21 Lévi-Strauss, *Les structures élémentaires de la parenté, op. cit.*, p. 170.
22 Marshall Sahlins, *Au cœur des sociétés. Raison utilitaire et raison culturelle* (1976), Gallimard, 1980, pp. 40-44.

Sahlins énumère une série d'oppositions contrastées et les commente ainsi :

« Mais il ne serait pas juste de considérer ces contrastes simplement comme une série d'oppositions conformes (...). Dans ses termes les plus généraux, la logique réciproque est que chaque sorte médiatise la nature de l'autre, qu'elle est nécessaire à la réalisation et à la régulation de l'autre, de sorte que chaque groupe contient nécessairement l'autre. La configuration qui en résulte n'est pas tant une simple opposition qu'un système à quatre parties opéré par la réplique d'une dichotomie maîtresse »[23].

Comme Tristan Platt, Marshall Sahlins fait certes du principe de quadripartition un principe initial, un code qui informe aussi bien les relations de parenté et d'alliance que les rites, la production, la valeur des biens, etc. :

« Dans les Isles de Lau, en vérité, tout va par quatre. Quatre est le concept numérique d'une totalité. Il faut quatre groupes pour faire une île, quatre jours d'échange (de quatre sortes de biens) pour accomplir un mariage, quatre nuits de traitement pour réaliser une guérison (...). Immédiatement, la mention de systèmes à quatre parties évoquera à l'anthropologue un type classique de système matrimonial, et il aurait raison de soupçonner son existence à Moala »[24].

---

23 *Ibid.*, p. 40.
24 *Ibid.*, pp. 44-45. Comment ne pas se souvenir de Marcel Granet décrivant le mariage en Chine : « *Entre eux la proximité est aussi grande qu'elle peut être sans arriver à l'identité substantielle. Cette proximité particulière à ceux qui sont appelés à former, non pas un groupe, mais un couple, repose non sur des qualités communes, mais sur des qualités complémentaires. Elle est fondée sur des sentiment mixtes où entrent, en parts égales, un esprit de solidarité, un esprit de rivalité. Un mot qui signifie conjoint, signifie aussi rival et même ennemi. La femme introduite dans la famille agnatique des temps féodaux est une associée qui, vite transformée en ennemie, entre fréquemment en lutte avec son époux pour défendre les intérêts de sa propre parenté. Le groupe de conjoints annexés à une famille indivise, en même temps qu'il forme un lot d'otages, est un parti de délégués représentant un groupement rival* ». Cf. *La civilisation chinoise* (1929), Paris, Albin Michel, 1988, p. 182.

Cependant, un tel code répond à un principe structural. Lorsque l'on dit en effet que chaque groupe contient nécessairement de l'*autre*, on dit aussi que l'autre n'est pas réductible à l'un. Ici, la réciprocité redouble l'identité de la différence. La relation duelle est donc double dès le départ. La relation quadripartite, selon Marshall Sahlins, provient de ce que la réciprocité met en présence non pas des amis ou des ennemis, mais à la fois des amis et des ennemis, que le dualisme ne correspond pas seulement en une opposition et une bipartition de valeurs complémentaires, mais au redoublement de cette bipartition de valeurs complémentaires par une bipartition de valeurs contraires des précédentes.

Lévi-Strauss, dans ce sens, avait montré que toute filiation unilinéaire masque une double dichotomie, et que la double filiation n'est pas seulement la réduplication d'une dichotomie initiale, mais l'opposition d'une filiation à l'autre :

« *Un régime à filiation matrilinéaire ne reconnaît aucun lien social de parenté entre un enfant et son père ; et dans le clan de sa femme – dont ses enfants font partie – il est lui-même un "visiteur", un "homme-du-dehors" ou un "étranger". La situation inverse prévaut dans un régime à filiation patrilinéaire* »[25].

C'est dire que l'absence de la deuxième filiation signifie une négation du contenu de la première filiation. Comme celle-ci a pour contenu l'identité, cette absence signifie la différence. La bilinéarité vraie dit la même chose car si la filiation matrilinéaire perpétue l'identité – la continuité –, la non-patrilinéarité signifie l'hétérogène, l'exogène, la rupture voire l'hostilité, et réciproquement, la patrilinéarité signifiant également une identité, la non-matrilinéarité signifie l'exclusion. On pourrait comparer la bilinéarité à une quadripartition dont la moitié des termes sont silencieux.

---

25 Lévi-Strauss, *Les structures élémentaires de la parenté, op. cit.*, p. 120.

Lévi-Strauss souligne que d'une manière très générale la filiation matrilinéaire s'accompagne de la résidence patrilocale. Le mari est un étranger "un homme du dehors", parfois un ennemi :

« (...) et pourtant la femme s'en va vivre chez lui, dans son village, pour procréer des enfants qui ne seront jamais les siens. La famille conjugale se trouve brisée et re-brisée sans cesse. Comment une telle situation peut-elle être conçue par l'esprit, comment a-t-elle pu être inventée et établie ? On ne le comprendra pas sans y voir le résultat du conflit permanent entre le groupe qui cède la femme et celui qui l'acquiert. Chacun remporte la victoire, tour à tour ou selon les lieux. (...) La filiation matrilinéaire, c'est la main du père, ou du frère, de la femme, qui s'étend jusqu'au village du beau-frère »[26].

La réciprocité de parenté est un combat, elle n'est pas seulement une solidarité. Elle est une solidarité qui *se croise* avec une hostilité. Il faut *arracher* à l'autre quelque chose autant qu'il faut *donner* à l'autre. La réciprocité n'est pas unidimensionnelle. Elle est soumise au *Principe du contradictoire*.

---

26 *Ibid.*, p. 136.

III

La Parole d'union
et le principe moniste

Le principe d'opposition de Lévi-Strauss (ou *Parole d'opposition*), le principe dualiste et la quadripartition sont des catégories bien connues. Par contre, celles que nous appelons *principe d'union* ou *Parole d'union*, et *principe moniste* méritent peut-être d'être explicitées. L'observation ethnologique en donne d'innombrables exemples, mais que les commentateurs ramènent en général à des formes hétérodoxes de dualisme.

La *Parole d'union* focalise l'être commun sur un centre homogène. L'Union, c'est "il". Et ce *il* est *Tout*. On pourrait donner une liste des représentations dues au principe d'union qui fasse écho à celle des représentations du principe d'opposition : *le Tout, le Centre, le Milieu, le Sommet, l'Hermaphrodite, l'Ambigu, le Doute, le Gris, l'Equateur, l'Axe, le Solstice, la Sphère, le Cœur, la Bouche, le Mélange, le Neutre...*

Bien entendu, le Tout a un contraire. Mais le Rien et le Tout ne sont pas corrélés. L'opposition de Rien et de Tout n'est donc pas identique à l'opposition de Haut et de Bas. Le Bas s'oppose au Haut par référence à lui, par différenciation d'une essence commune : la hauteur. Il n'en est pas de même des contraires tels que le Rien et le Tout. Le Tout ne partage pas son essence avec le Rien.

35

La *Parole d'union* focalise le *contradictoire* dans l'Unité. Le *contradictoire* des origines est ainsi contraint par le signifiant de l'unité à ne former qu'une *totalité*, mais au sein de cette totalité il ne cesse d'être contradictoire. L'Unité est donc complexe car elle retient en elle la relation primordiale.

L'être parle à présent par la *Parole d'union*. Il parle par l'Unité qui enferme le *contradictoire* dans le Tout, et ce qui lui échappe n'est donc pas son vis-à-vis mais se présente d'abord comme Rien. Le Tout est comme une sphère qui se noue pour elle-même au sein du néant, il est un univers dans l'infini.

Le Tout affronte la nature informe. Mais cette frontière est particulière. La frontière entre le Soi et la nature serait-elle définie qu'elle renverrait à une dualité, une opposition, une exclusion. Si l'Unité était par exemple lumineuse et que sa frontière soit délimitée de façon précise, l'au-delà serait immédiatement l'obscur et nous retrouverions le contraste ou l'alternance significatifs de la Parole d'opposition. Le passage du Tout au Rien est un passage continu, progressif, dégradé.

Il en est de même à l'intérieur du Tout. Puisqu'il n'est plus possible de les opposer à l'intérieur de la totalité, les différences seront des progressions et régressions continues. Il ne peut y avoir d'endroit privilégié comme centre qui s'opposerait à une périphérie fixe, ni d'une qualité qui s'opposerait à une autre comme centre privilégié.

Robert Jaulin[27], parlant des sociétés Sara d'Afrique Noire (Tchad), dit que le Soi peut être ce qui se définit par l'unité du toit, de la cour, du quartier, du village, de la région :

« Être du "même" se peut aussi bien en raison de la résidence que de la production ou de la consommation de nourriture, de relation à la terre, aux morts, etc. »[28].

---

27 Robert Jaulin, « Préface », *in* Deshayes P. & B. Keifenheim, *Penser l'Autre chez les indiens Huni Kuin de l'Amazonie*, Paris, L'Harmattan, 1994, pp. 5-27.
28 *Ibid.*, p. 7.

Le Soi est ainsi pluriel suivant le point de ralliement choisi selon les saisons et les chemins. Il n'est même pas nécessaire que le centre soit reconnu, il peut être diffus. Il n'est pas en tout cas un lieu par rapport auquel pourrait se préciser une opposition qui engendrerait une alternative. Il est ralliement qui peut être positif mais aussi négatif comme l'est le centre de la bataille dans la guerre. Dès lors, la référence du Soi, que Robert Jaulin appelle aussi le *noyau*, est le centre d'un Tout dont les limites sont fluctuantes et peuvent être différentes selon le discours. Rien ne permet de lui fixer une valeur propre. Le centre de référence de la sphère, le noyau du tout est indéfinissable ou incertain. Le Soi acquiert une grande richesse d'amplitudes et de multiples définitions. Le centre est partout et naît ou renaît à chaque fois de façon indéterminée, il est *"nomade"*.

La Parole d'union n'est jamais tranchée, elle renvoie de façon simultanée à tous les contraires. Robert Jaulin la dit *réflexive* en ce sens que le même mouvement part de soi et revient à soi, nourri de l'apport de tout ce qui participe de l'unité de la communauté. Le Tout, ainsi réparti dans la communauté, se traduit par l'idée du *partage*.

« Le partage est une relation réflexive, elle n'opère pas nécessairement dans le strict cadre d'une relation d'un individu à lui-même, mais encore dans celui où des autres lui sont, au regard de cette relation, du "même", du Soi. Un repas se partage avec soi-même et d'autres. Le partage fonde une communauté, génère un univers dont il constitue l'évidence, la prégnance ; la culture est dès lors réflexive, elle est le lieu, toujours immédiat, quelle que soit son épaisseur, sa durée, de l'existence »[29].

Jaulin appelle *Gens du Soi* les membres d'une communauté chez qui domine cette perception de leur identité comme totalité, et il les appelle également *Gens de l'Autre* à cause de leur

---

29 *Ibid.*, p. 6.

perception d'autrui comme de ceux qui ne participent pas de cette totalité, d'où une définition nouvelle de *l'altérité*[30]. Il ne s'agit plus d'altérité au sens où l'*autre* est reconnu comme autre soi-même, mais où l'*autre* est ce qui n'a aucun rapport avec soi, le *tout autre*. Le sens de *autre* est donc profondément différent de celui que lui donne Lévi-Strauss pour qui l'*autre* est le vis-à-vis dans une relation de réciprocité. Les termes de complémentarité, différence, réflexion, etc. reçoivent alors une signification différente de celle qu'ils ont reçue jusqu'à présent, dont la cohérence vient de ce qu'ils se réfèrent au *principe d'union* au lieu de correspondre au *principe d'opposition*.

LE PRINCIPE DE MAISON DANS LES COMMUNAUTÉS OCCITANES

Les organisations sociales auxquelles la Parole d'union donne naissance n'ont pas reçu de la part de l'anthropologie la même attention que les structures dualistes. Certes, les descriptions qui en témoignent ne sont pas rares, comme celle par exemple d'Emmanuel Le Roy Ladurie[31].

Le Roy Ladurie a montré que la *domus* ou l'*ostal* en Occitanie, à la fin du Moyen Âge, "concept unificateur" de la vie sociale, familiale et culturelle, est au commencement de la religion.

« Rien ne montre mieux l'importance de la "domus", comme principe unificateur de la vie sociale, familiale, culturelle au village, que le rôle de pierre angulaire qu'elle joua en Haute Ariège et à Montaillou,

---

30 Robert Jaulin, *Gens du soi, gens de l'autre*, Paris, éd. 10/18, 1973.
31 Emmanuel Le Roy Ladurie, *Montaillou, village occitan de 1294 à 1324*, Paris, Gallimard, 1975.

dans la construction ou reconstruction du catharisme »[32].

Il cite un dialogue éloquent :

« *Où vas tu ? me demanda Guillaume. – Je vais à l'église. – Oh bien, rétorqua Guillaume, te voilà vraiment bonne "ecclésiastique" ! Autant vaudrait que tu pries Dieu dans ta propre maison, que de le prier ainsi à l'église. Je lui répondis que l'église était un lieu plus convenable pour prier Dieu que ne l'est la maison. Alors il murmura simplement à mon intention : – Tu n'es pas de la foi »*[33].

"Maison contre maison...", l'homme qui retournait aux sources de la religion avait la sensation que la maison était bien plus qu'un abri mais le lieu d'origine de la religion.

À Montaillou, archipel de maisons, on compte alors onze *domus* cathares et cinq catholiques. Le Roy Ladurie observe :

« *Tous nos montagnards soulignent en chœur avec une force convaincante la force mystico-religieuse de la "domus". Nos témoins pourraient s'approprier la formule latine, que je bâtis pour la circonstance : "cujus domus, ejus religio" »*[34].

De la parole, on passe au principe organisateur :

« *D'un point de vue juridico-magique, faut-il dire ethnographique, l'ostal ariégeois, tout comme la "casa" andorrane, représente plus que la somme des individus périssables qui composent la maisonnée correspondante. La maison pyrénéenne est une personne morale, indivisible en biens, et détentrice d'un certain nombre de droits : ils s'expriment par la propriété d'une terre, par des usages sur les forêts et les pâturages communs de la montagne, "solanes" ou "soulanes" de la paroisse »*[35].

Le Roy Ladurie souligne d'autres fonctions d'union de la *domus* ou *ostal* : L'*ostal* est la maison des vivants et des morts...

« *... elle continue le personnage de son maître défunt. (...) Le souci de la domus n'est donc pas patrilocal ou matrilocal mais ambivalent »*[36].

---

32 *Ibid.*, p. 53.
33 *Ibid.*, p. 54.
34 *Ibid.*, p. 59.
35 *Ibid.*, pp. 59-60.
36 *Ibid.*, pp. 60-63.

Enfin, la maison est dirigée par un chef qui n'est pas nécessairement le père ou la mère, comme dans une organisation dualiste, mais la personnalité la plus forte :

« La soumission au chef de maison (…) peut tourner au culte de la personnalité, fait d'admiration, d'adoration »[37].

Le centre réunit tout, il est le lieu unique où tout converge, d'où tout provient. Ce Tout, les habitants de la *domus* n'hésitent pas à l'appeler *Dieu*. Le Roy Ladurie raconte comment le Montalionais Bernard Clergue, apprenant la mort de son frère, chef de la maison, s'effondre :

« Mort est mon Dieu. Mort est mon gouverneur… »[38].

Nous interprétons les observations ethnographiques qui établissent le principe d'union avec un raisonnement semblable à celui des anthropologues pour les organisations dualistes. En amont du "principe organisateur", qui ici focalise et redistribue toute autorité, le principe d'union est équivalent au principe d'opposition de Lévi-Strauss. Si le principe d'opposition est une modalité de la fonction symbolique, la tentation est grande de considérer le principe d'union comme *une deuxième modalité de la fonction symbolique*. Quant au principe organisateur de la vie matérielle et spirituelle, que nous avons appelé *principe moniste*, symétrique du *principe dualiste*, il rétablit l'équilibre du contradictoire à partir du redoublement de l'union en sens inverse.

Comment cet équilibre s'établit-il ?

Le frère de Bernard Clergue, chef de la *domus*, est d'abord "adoré" : *« Mon Dieu est mort ! »*, mouvement donc centripète ; mais c'est de lui que tout revient *« Mon gouverneur ! »* : il est le centre de la redistribution : force centrifuge. Équilibre donc contradictoire entre deux mouvements, celui qui rassemble et celui qui redistribue.

---

37 *Ibid.*, p. 65.
38 *Ibid.*

L'Unité, en effet, peut être convergente ou divergente, elle peut ramener l'autre à soi ou distribuer à partir de soi. Et puisqu'il y a deux mouvements propres à l'Un, le principe moniste consistera à équilibrer ces deux mouvements, le mouvement convergent de l'offrande vers le centre et le mouvement centrifuge de la redistribution collective à partir du centre. De la contradiction de ces deux mouvements renaît l'équilibre entre forces antagonistes.

Dans une organisation dualiste, les "représentations dédoublées" par le principe d'opposition sont redistribuées, de telle manière que les choses qui peuvent être dites positives redoublent celles qui peuvent être dites négatives. Il en est de même dans une organisation moniste. La force qui rétablit ainsi l'équilibre contradictoire, nous proposons de l'appeler la *"fonction contradictorielle"*.

La parole d'union opère donc comme la parole d'opposition : elle obéit non seulement à la fonction symbolique mais aussi à la fonction contradictorielle. Le principe que nous appelons moniste par analogie avec le principe dualiste (tel du moins que nous avons défini celui-ci) atteste par rapport au principe d'union ce deuxième temps. Celui-ci pourra même être visualisé dans l'espace habité par les hommes. Le *contradictoire* apparaîtra comme le lieu à mi-distance entre le centre et la périphérie, d'où la formation des organisations concentriques.

Dans *Paroles données*, Lévi-Strauss reconnaît implicitement ce principe. Il repère en divers points du monde des sociétés pour la compréhension desquelles :

> *« Il faut introduire dans la nomenclature ethnologique la notion de maison (au sens où l'on parle de "maison noble") (...) : personne morale détentrice d'un domaine, qui se perpétue par transmission de son nom, de sa fortune et de ses titres... »*[39].

---

39 Claude Lévi-Strauss, *Paroles données*, Paris, Plon, 1984, pp. 189-190.

Et plus loin encore :

« Il s'agit, en effet, dans les sociétés "à maison", d'hypostasier l'opposition des preneurs et des donneurs sous l'apparence de l'unité retrouvée. C'est donc aussi l'opposition de la filiation et de l'alliance qu'il faut transcender »[40].

Le "principe de maison" consiste par conséquent à nommer *l'unité de la contradiction* entre la différence (l'alliance) et l'identité (la filiation), ou encore à résoudre la contradiction *donneurs/preneurs* par un terme qui signifie l'unité de cette contradiction ; et c'est bien de la contradiction qu'il s'agit, car cette unité est conflictuelle :

« Enfin, dans toutes les sociétés "à maison", on observe des tensions et parfois des conflits entre des principes antagonistes qui sont ailleurs exclusifs : filiation et résidence, exogamie et endogamie, et, pour employer une terminologie médiévale mais qui s'applique parfaitement aux autres cas, droit de la race et droit de l'élection »[41].

Le "principe de maison" est bien Principe d'union de forces antagonistes, Parole de l'unité des contradictions !

---

40 *Ibid.*, p. 198.
41 *Ibid.*, p. 190.

IV

Le principe de maison dans les communautés rwandaises

Nous illustrerons le principe de maison et ses applications dans une société africaine, la nation rwandaise, en nous référant à l'œuvre d'Édouard Gasarabwe : *Le geste rwanda*[42].

Le symbole de l'autorité et de la parole est un *siège* qui se trouve au centre de la maison :

« Seul le centre de la Hutte paternelle possède les vertus qui font les hommes "grands". (...) Le siège du chef demeure en permanence au centre de la Hutte : il en impose par ses dimensions, son bois patiné, et la vénération qui généralement l'entoure »[43].

La hutte a la forme d'une pyramide conique. Le faîte du toit est un nœud de paille qui se prolonge par une flèche, l'*agasongero*, que l'auteur compare joliment à une antenne spirituelle[44]. Cette flèche capte l'*Imana*, la grâce, qui vient du rocher bleu (le ciel) et la conduit dans la hutte[45]. Elle est aussi

---

42 Édouard Gasarabwe, *Le geste rwanda*, Paris, Union Générale d'Éditions, Coll. 10/18, 1978.

43 Gasarabwe distingue la hutte (*rugo*) lorsqu'il s'agit du toit, et la Hutte (*Rugo*) lorsqu'il s'agit de la communauté humaine qui vit sous ce toit (*Ibid.*, pp. 376-377).

44 *« La construction du rugo s'achève – en ce qui concerne les travaux – par le toit de chaume qui reçoit une huppe d'herbes trillées enroulées autour d'une perche dite agasongero. »* (p. 253). *« Ainsi, agasongero, littéralement "le-point-petit-de-la-finition" associe parfaitement l'image de "la dernière main sur la hutte", et le "point liturgique qui défend la hutte contre le maléfice". »* (p. 355).

45 *« Le montage de la flèche est une véritable liturgie. »* (*Ibid.*, p. 356).

43

un paratonnerre spirituel :

« *Absente, le Rugo devient un chaos. Imana frappe là où d'habitude il était clément* »[46].

Notons ce double pouvoir de l'*Imana* : la clémence et le maléfice. « *Privé de son pinacle, le "temple-hutte" est rendu inhabitable parce que privé de son contact avec l'Imana (Dieu)* »[47].

Le mot Dieu souligne la connotation religieuse de la *valeur d'être* en jeu.

Édouard Gasarabwe insiste sur ce caractère :

« *Si l'Animiste possédait un Droit Canon, celui-ci aurait mentionné : la flèche donne, confère à la Hutte sa validité, en tant que temple du Culte des Ancêtres (...). En effet, la Hutte recouverte de chaume n'est pas pour autant habitable (...). Vie culturelle, vie quotidienne, que nous devrions appeler "profane", baignent l'une et l'autre dans un climat mystique, et se confondent... sans qu'il soit possible d'isoler ce qui appartient à la croyance religieuse ou magique de ce qui tient de la connaissance physique, empirique* »[48].

La Parole d'union prétend rendre compte de la totalité du champ de la conscience, elle ne souffre pas de partage. Elle est concurrente de la Parole d'opposition pour dire aussi bien la poésie, la politique, la justice, le bien et le mal. Tout est concilié dans un même lien. C'est bien le terme religieux qui lui convient.

L'auteur poursuit :

« *La présentation complète des rites qui se jouent au centre de la hutte exigerait de notre part une description technique des usages "ésotériques" de la vie quotidienne et de la vie cultuelle. Ce qui revient à la mise en chantier d'un traité sur la Religion d'un village animiste... Village, car la religion n'est pas une affaire privée, mais de groupe. (...) Lorsque le centre Kirambi est celui de la Hutte-Palais, il se transforme en*

---

46 *Ibid.*, p. 363. « *La Hutte, Matrice du Lignage (Inzu) est pour l'animiste un sanctuaire purifiant.* » (p. 375).

47 *Ibid.*, p. 204.

48 *Ibid.*, pp. 353-354.

Sanctuaire secret, un "Saint des Saints" du royaume animiste. Toutes consécrations importantes du Royaume : l'intronisation du roi et des insignes du pouvoir, l'acceptation des richesses, pour lesquelles il faut rendre hommage au ciel... s'accomplissent en ce lieu »[49].

Le centre est d'abord la référence d'une totalité. L'architecture de la hutte dit elle-même cette totalité par l'image d'une fermeture circulaire. L'ossature de la hutte est formée en effet de trois cercles superposés dont le dernier est un coussinet de paille qui noue l'antenne au sommet du toit. Ces anneaux et le nœud sont significatifs :

« L'anneau est par conséquent le lieu où s'opère le "repli". (...) Le travail de la carcasse commencée à terre prend pour point de départ l'anneau ; la couverture s'achève par l'anneau-coussinet, ouvert au Rocher par la "perche", véritable antenne mystique du foyer animiste. Vu de l'intérieur, l'anneau-coussinet offre l'aspect d'un "nœud" et le nœud, quel qu'il soit, est dans tout l'univers animiste l'équivalent de "détention, d'immobilisation" »[50].

L'auteur insiste sur la clôture, la détention de ce qui est rassemblé, noué au sein du foyer, au sein de la hutte, totalité à l'extérieur de laquelle ne reste que ce qui n'a pas de rapport à soi : l'Ailleurs, l'Autre, l'Étranger de Robert Jaulin. Là, encore, le cercle de la compréhension mutuelle définit une frontière entre ceux qui partagent la même redistribution et ceux qui ne la partagent pas.

Le foyer, sans être exclusif des autres, n'en est pas moins une sphère de convivialité fermée. On retrouve les mêmes termes ou presque que ceux de Robert Jaulin qui parlait d'un Soi fermé parce que *réflexif,* uni par la communion, par le partage, mais qu'il pouvait dire d'une autre façon "ouvert" car ne pouvant se préciser grâce à une opposition, ouvert donc dans la mesure où sa frontière est progressive.

---

49 *Ibid.,* p. 374 et p. 379.
50 *Ibid.,* p. 343.

Mais de quoi le centre est-il le centre ? D'une totalité qui unit les contraires dans l'unité de leur contradiction ? Rien ne l'illustre mieux que le rite du mariage. La hutte unit les deux parties au sein du clan qui reçoit la femme :

« Avant que les jeunes mariés forment un couple, par la consécration rituelle de l'union, la hutte avale, comme une grande bouche, qui aspirerait le couple vers la Hutte Communauté Humaine représentée par les "ancêtres".

La fiancée s'assied sur les genoux de sa future belle-mère. De la sorte, entrer dans le giron de la famille devient vrai non seulement dans le sens symbolique, mais aussi se trouve matériellement "dessiné", par la posture du clan en ce moment précis de la vie du clan.

La hutte devient la sculpture vivante de l'Homme Total, accroupi pour être fécondé et pour donner naissance, figuration de l'unité primordiale dans laquelle Matrice et Flux Séminal sont réunis. La Hutte apparaît sous l'aspect unitaire de l'Homme Vivant dont l'ordre et la continuité sont assumés par les sexes différenciés »[51].

Édouard Gasarabwe nous dispense de commentaires : "Homme Total", "Figuration de l'Unité Primordiale", dans laquelle "Matrice et Flux Séminal sont réunis" (...) "L'aspect unitaire de l'Homme Vivant"...

L'antenne de la hutte capte l'*Imana* pour l'enfermer dans la hutte, et la bouche avale la nouvelle famille dans l'unité du clan. Les images ne se lassent pas de montrer l'union de ce qui est ailleurs séparé et différencié par la Parole d'opposition :

« La hutte, dans le cœur des symboles, rejoint la réalité biologique d'un être androgyne, père et mère à la fois, de la famille étendue qu'est le lignage »[52].

Le mouvement souligné est l'union de forces contraires, leur convergence dans l'unité de la contradiction. Or, le chef de la hutte est aussi un principe de redistribution qui déploie

---

51 *Ibid.*, p. 319, p. 318 et pp. 303-304.
52 *Ibid.*, p. 303.

l'autorité des ancêtres, qui transmet l'*Imana*, l'esprit du don et le don lui-même, non seulement à la famille proche mais au plus grand nombre d'alliés possible[53]. Au centre de la hutte, à la verticale de la flèche, ont lieu les rituels de la vie rwandaise. Tous sont symboliques du *don* ordonné par un centre redistributeur.

L'édifice social, politique, économique traditionnel rwandais repose sur la réciprocité du don. Le don s'enrichit de la reproduction du contre-don de ceux qui le reçoivent. Le don engendre la valeur de prestige. Et la valeur s'accroît de ce que le don reçu pour le don donné, soit redonné. La "crue " du don entraîne celle de la valeur de prestige. Cette crue c'est l'*Ubuhake*. L'*Ubuhake*, dont Édouard Gasarabwe dit qu'il détermine les rapports sociaux entre les receveurs de bovins et les donneurs, signifie littéralement la "crue de la vache".

La crue est assimilée à la fécondité de la vie (porter un veau), mais elle est dans sa traduction spirituelle la puissance de l'esprit du don. La crue est donc double : pour le donataire, biens matériels, et pour le donateur, prestige et rang social. Mais la valeur de prestige doit être elle-même réinvestie dans de nouveaux dons ou sacrifices pour valoir au donateur un prestige supérieur[54].

La valeur de prestige se représente par le troupeau sacré ; les Rwandais annoncent leur rang par l'importance de leur cheptel[55]. Le donateur n'est pas propriétaire de la grâce, l'esprit du don. Comme tout donateur, il est également donataire, et à ce titre médiateur ; médiateur entre ceux du présent, ceux du futur et ceux du passé, les ancêtres.

---

53 « *La hutte n'est pas seulement le symbole du corps humain, qui se définit par une communauté d'origine – la Matrice – ; elle est aussi le centre des richesses du monde, qui prolifèrent autour de l'Homme, fécondateur du végétal et de l'animal. L'ordre universel, qui est harmonieux, va de Dieu – Imana – au Monde Vivant, en passant par l'Homme, qui de par la place qui est la sienne se fait le Devin ou le Découvreur des mystères de la Vie.* » (*Ibid.*, p. 304).

La grâce divine (l'*Imana*) passe par un fil généalogique qui joint le premier couple fondateur de la hutte jusqu'aux générations futures. Le chef de la hutte distribue aussi selon un plan horizontal et entretient différentes relations matrimoniales, d'hospitalité, etc. L'être exprimé sous une forme unitaire est ainsi diffusé de façon centrifuge voire diversifiée. La Hutte donne vers l'extérieur[56].

L'auteur compare la hutte à un *temple*, un *panier*, enfin à un *ventre* animal qui distribue la vie. Ici, la bouche mange, elle est mobilisée par le mouvement centripète du *principe d'union*. Mais elle est aussi un *œil*, un œil unique ! Alors, l'*œil* parle, l'œil s'ouvre sur le monde et dit le mouvement centrifuge qui étend le territoire de l'union. Les Africains précisent : *"l'œil unique"* car il s'agit d'exprimer la *Parole d'union*.

---

54 Le sacrifice est ici envisagé comme un don de tous pour tous, un don qui vaut son nom au groupe entier et qui assure un lien social unique entre tous. Le sacrifice, en tant qu'offrande, permet à chacun de participer de l'humanité du groupe. Que les vaches puissent mesurer le sacrifice fait d'elles une monnaie sacrificielle (mais pas pour autant une monnaie d'échange. On n'échange rien contre des vaches). Le don d'une vache établit un lien social. Par exemple, les vaches sont utilisées dans le mariage comme manifestation de la puissance du mari. Des vaches dépend donc que les jeunes hommes puissent contracter des mariages dont naîtront les rejetons de la lignée, « *ceux qui permettront pour l'ascendant d'accéder au rang d'ancêtre au lieu de devenir un esprit condamné à errer à l'extérieur de la chefferie.* » (*Ibid.*, p. 45).

55 « *Les grands "féodaux" pouvaient être des serviteurs d'autres "féodaux". Les Bahutu, "nouveaux nobles" par la richesse en terres et en bovins, devenaient des "châtelains".* » (*Ibid.*, p. 43). Au plus bas de l'échelle, situation de la majeure partie des agriculteurs et des Batutsi démunis de troupeau, l'on trouvait un peuple avide de posséder et prêt à s'engager sur une simple promesse de "don de bovidé".

56 « *En effet, la Hutte réunit non seulement la famille primaire, celle de l'ascendance et de la descendance, mais aussi tous les alliés et les frères de ces derniers, et les familles des femmes de ces derniers.* » (*Ibid.*, p. 302).

L'œil unique, c'est l'*irembo*, la porte de la Hutte[57].

« *L'irembo ne peut pas voir deux choses à la fois* ».

Heureuse trouvaille ! *L'œil*, une fois dite la Loi, ne verra rien d'autre et ne pourra décider de ce qui ressort de la Parole d'opposition. Il voit, juge et décide souverainement de tout, mais il est si unique qu'il ne voit pas la Parole d'opposition dans son dos offrir une autre vision du monde aux habitants de la Hutte : lorsque des relations dites "profanes" ont lieu, elles doivent emprunter une autre entrée que celle de la *bouche*, une entrée secrète, en franchissant les palissades ailleurs que par le portail principal. Il ne s'ensuivra aucune vengeance de *l'œil*, qui ne voit que ce qui est "uni" et ne voit pas ce qui est "opposé".

Chez les Rwandais, c'est le monde des oppositions, des distinctions qui est secret, souterrain, caché ; et l'intuition, la religion qui règne. Mais *l'œil* est souverain et vise juste, car il voit tout chaque fois qu'il y a profanation de sa Parole dans le champ qui est le sien, par exemple le non respect du rituel religieux.

Autour de la Hutte, tout s'ordonne de façon concentrique, et chaque arc de cercle nouveau, protégé par une palissade, définit le champ d'une activité sous *l'œil* de la Hutte. L'ensemble du territoire s'appelle le *Rugo*, un terme qui a deux sens, celui d'un espace spirituel et celui d'un espace matériel.

« L'élégance de l'exposé eût requis une traduction passe-partout, comme celle de l'Ethnologie classique : enclos. S'en tenir à une telle adéquation serait comparable à traduire le français "maison" par un terme supposé équivalent, par exemple : abri. Dans ces conditions, bien malheureux serait l'étudiant en langue française qui voudrait comprendre :

---

57 *« On place un bâton au travers de l'irembo. La présence de ce bois rituel rend l'issue close, et la sortie impossible. La femme l'enjambe et va son chemin accompagnée de son mari sur une certaine distance hors du rugo. "L'impossible est impossible", se dit la hutte, qui ne possède qu'un œil et ne peut donc pas "voir double". Une personne, aux yeux du rituel, peut par conséquent être corporellement hors de l'enceinte tout en restant "spirituellement" dans la hutte. » (Ibid., p. 290).*

la Maison des Bourbons… ou tout simplement la Maison Dupont. (…)
En effet, aux yeux de l'habitant de la petite république, "Rugo" fait
jaillir bien autre chose que la silhouette d'un enclos : l'homme adulte se
définit par son "Rugo" : l'importance de ce dernier "classe" socialement
l'individu parmi les riches ou parmi les pauvres ; son existence même est le
fruit de liens immatériels féconds et solides, ceux-là qui font de chacun le
fils ou la fille d'un lignage. Dans l'espace géographique, le "Rugo" est la
résidence prise dans sa totalité : hutte, palissades, et champs compris. (…)
Le Rugo est à la fois l'homme, la femme, les enfants et les biens de
cette communauté »[58].

Tout est dit, et dans les termes de Claude Lévi-Strauss ! Le
"principe de maison", disait-il, n'est pas celui de chaumière ou
d'abri, c'est un concept avec une valeur éthique comme on dit
la Maison des Habsbourg ou la Maison de France. C'est ce que
tient à préciser Édouard Gasarabwe lorsqu'il fait appel à la
Maison des Bourbons ou à celle des Dupont pour indiquer
l'unité de vie spirituelle d'un clan ou d'une famille. Cette
description ne dépare pas non plus celle que Bartomeu Melià
ou Branislava Susnik[59] font du *"teko"* guarani, unité privilégiée
qui sert de référence à un clan patrilinéaire… Une *totalité fermée*,
dirait Robert Jaulin.

Le *Rugo* est le toit d'une communauté réflexive à
l'extérieur de laquelle *l'autre* est l'étranger, même si la frontière
avec cet *autre* ne peut se définir de façon précise. Franchir cette
frontière, c'est être nulle part, c'est avoir quitté l'unité de l'être[60].

---

58 *Ibid.*, pp. 195-202.
59 Cf. Branislava Susnik, *El indio colonial del Paraguay*, Museo Etnográfico
    « Andrés Barbero », Asunción del Paraguay, 1965-1966 et Bartomeu
    Melià, *El guaraní conquistado y reducido*, Ensayos de etnohistoria, vol. 5,
    Centro de Estudios Antropológicos, Asunción del Paraguay, 1988.
    Lire aussi de Dominique Temple « Le Quiproquo Historique chez les
    Guarani ». Publication en castillan dans *Teoría de la Reciprocidad*, Padep-
    Gtz, La Paz, 2003.
60 « *Nturirenge : ne franchis pas l'irembo, sonne aux oreilles du Rwandais comme un*
    article du décalogue pour le croyant : tu ne passeras pas par-dessus ce qui est

La Totalité du Soi se distingue de l'Ailleurs, de l'Autre, de l'extérieur, de l'Inconnu ou de l'Étranger, de ce qui n'est pas, momentanément au moins, de l'ordre du Soi, sans pour autant être connoté péjorativement.

« *Entre les deux piquets, le visiteur s'annonce par les formules d'usage :* – *Gens d'ici, donnez nous... du lait et des vivres... Réponse : Nous y travaillons. Ayez le roi ou le président soit avec vous !* – *Il vit toujours ici* »[61].

Le nom du Roi est le mot de passe entre une totalité et une autre totalité dans une totalité plus grande... Le *rugo* est une sphère contenue dans une autre sphère...

« *Le muryango* – *en sociologie* – *est une structure superposée aux patrilignages (ama-zu). Ces derniers rassemblent des unités étroites, biologiquement identifiables. Le muryango, par contre, rassemble des "mazu"* – *huttes* – *clans dont l'étendue va plus loin que la "hutte" dans la même "ethnie"* – *race* – *et au-delà de la race à des patrilignages sans aucune communauté lignagère. Cet amalgame de races aussi différenciées que les Bahutu et les Batutsi par le mode de vie antérieur à la sédentarisation de ces derniers, est à notre avis au cœur de la formation de la nation rwandaise (...)* »[62].

La flèche est centrale, le siège est au centre de l'espace sacré, l'*Irambi*, centre de la hutte ; la hutte est le centre du *rugo*, et le *rugo* à son tour fait partie d'une nouvelle sphère, le *muryango*, et les *muryango* s'inscrivent dans le Rwanda dont le Roi est le centre.

---

interdit. Matériellement, l'irembo n'est qu'un passage étroit, entre deux univers : le chez-soi et "ailleurs"... le Rwanda de tout le monde. Mais ce sens matériel, qui tient à l'architecture, est de loin dépassé par la portée "éthique" de l'unique ouverture du rugo sur le monde. (...) "Être passé par-dessus rugo" est en définitive l'équivalent de l'image empruntée à la navigation : "être jeté par-dessus bord" – *S'il s'agit d'un "tronc de fils d'Ève", cela signifie le retour à l'infini, d'où sont sortis les hommes qui peuplent la terre.* » (Gasarabwe, *op. cit.*, p. 265).

61 *Ibid.*, p. 266.
62 *Ibid.*, p. 316.

Mais comment se réalise cette unité ?

Gasarabwe le décrit :

« *Sur une colline rwandaise, il y a quelques années, avant les divisions ethniques et la christianisation, chaque habitant pouvait compter sur tous les autres : les travaux d'importance, qui risquaient de durer beaucoup de temps, rassemblaient tous les hommes valides pour bâtir, cultiver même. (…)*

Un rugo s'installe et un "umuhana" s'ajoute à la collectivité. L'umuhana s'analyse de la façon suivante : "umu" : indicateur de classe, "ha" : donner, "na" : et… particule exprimant la réciprocité à la fin des verbes, l'association entre les termes indépendants.

Le "muhana", comme le dit son nom, signifie donc : le partenaire, celui avec qui on échange des dons. Le caractère liturgique de la construction des huttes rentre certes dans une mentalité que la civilisation de l'argent et du profit abolit »[63].

La réciprocité ? Une réciprocité unitaire, une réciprocité de partage. Non pas celle qui lie l'un à l'autre un constructeur à un autre constructeur, à charge de revanche, mais une réciprocité étendue simultanément à tous : chacun se sent investi de la mission de construire la hutte d'autrui comme si elle était la sienne, chacun est constructeur de hutte, de toutes les huttes.

Laissons parler l'auteur :

« *La construction – chez les Rwandais – est en vérité un pacte. Comme les compagnons de guerre se jurent assistance et fidélité en toutes circonstances, chez eux comme à l'étranger, en échangeant symboliquement leur sang, les habitants d'une colline concluent un pacte tacite par la coopération dont nous venons de signaler les traits essentiels. (…)*

Au "Mugorozi" – Architecte – revient l'honneur de surveiller la conformité du bâtiment aux normes que l'on attribue volontiers à l'ancêtre Gihanga, ce roi civilisateur, qui traça la frontière de l'État au cours d'une chasse, découvrit les vaches et créa le tambour. On peut affirmer, sans

---

63 *Ibid.*, pp. 243-244.

exagérer, que l'Architecte du Rugo est le prêtre de cet illustre roi, dont les traits à la fois divins (omniscience...) et humains (la chasse, la femme, les enfants...) prêtent à penser que ce premier homme fut en définitive un dieu. (...)

L'aspect rituel de la construction de la hutte et du rugo ne s'arrête pas exclusivement à la présence du devin sur le terrain ; les ouvriers eux-mêmes conçoivent cet acte non comme un acte de générosité et d'humanité, mais comme la preuve de leur propre existence par et pour le groupe. L'on va "construire" comme on va à la guerre, sans solde »[64].

La réciprocité en question est comme un pacte de sang qui scelle l'unité de tous dans la vie et la mort. La réciprocité ici est *communion*, et chacun devient part des autres, donne à chacun sans que personne ne lui doive de contrepartie car il reçoit réciproquement aussi de tous.

La réciprocité est offrande à la totalité dans une indivision dont le centre est successivement chaque antenne des huttes affiliées à l'*Imana*. On va construire comme on va à la guerre, sans solde, parce qu'il y va de son essence spirituelle.

Une telle foi est de nature religieuse : le devin consacrera la hutte devenue un temple. Édouard Gasarabwe nomme même le nouveau foyer "l'autel" !

Mais, alors, il nous manque une ultime Parole, le *roi-prêtre* du Rwanda. Or, la force des évidences devient telle, ici, que nous ne pouvons plus ajouter notre commentaire, il faut ouvrir le livre de Édouard Gasarabwe, il faut le lire tout entier pour

---

64 *Ibid.*, pp. 242-244. « *La joyeuse équipe des bâtisseurs n'a certes pas conscience de commémorer – comme pourraient le conclure les commentateurs de thèmes anthropologiques généraux – l'installation de l'homme sur la terre, elle pense avant tout à l'utilité et à la beauté de la hutte qu'elle voit grandir. Mais ils savent qu'après leur départ, un vieillard passera pour installer les ancêtres de son lignage, leur montrer le nouvel autel où ils seront honorés. Quelques-uns seront de la fête, d'autres y seront invités pour l'initiation des enfants qui naîtront, ils y incarneront peut-être l'un des principaux personnages de la liturgie initiatique, qui Binego, qui Mashira, qui Ryangombe et d'autres encore... En tout état de cause, un Rugo s'installe et un Umuhana s'ajoute à la collectivité.* »

entendre parler la Parole d'union :

« Dans la vie profane, rien n'assimile le Rugo à l'État ; cependant, des considérations du déroulement de nombreux rites, on reconnaît assez aisément le symbole. En particulier lorsque le roi se fait pontife et conduit la liturgie, le Rugo-Palais devient l'autel du Rwanda qu'il gouverne. Le rugo du roi est un palais végétal, semblable à celui des sujets, quant au schéma et aux matériaux qui le composent. Mais dans le cadre rituel, il est le théâtre de cérémoniaux qui ne peuvent se dérouler dans aucun autre point du pays, et à ce titre, possède un poids particulier. Le caractère semi-nomade du roi rwandais (…) s'explique par la volonté rituelle de faire du pays tout entier le "rugo du souverain". Les cérémoniaux d'intronisation se déroulent cependant au cœur du pays, dans l'enceinte principale, dite à bwami… chez la royauté. (…) Au cours des randonnées du souverain dans les différents gîtes au contraire, il éparpille son caractère sacré dans tous les horizons de l'État. Les gîtes éparpillés étendent la personnalité du monarque à l'échelle du pays »[65].

Mais à ses limites territoriales, la totalité rwandaise est aussi prête à se risquer au dialogue avec ce qui est encore inconnu, à se risquer dans l'Ailleurs, un saut dans le non-Soi qui peut lui ouvrir l'accès à de nouvelles valeurs, à moins qu'elle ne rencontre un principe décidé à la détruire pour imposer sa propre loi.

« Toute la nation croit que tous les maux : épidémies, pestes bovines, sécheresses, pluies diluviennes… qui obligent le pauvre à se déplacer pour chercher sa pitance… viennent de la zone frontalière et des forêts. Cette croyance d'ordre général se double d'une xénophobie, que la bonne conscience veut cependant réprimer à tout moment. Craindre l'étranger serait insensé… aussi on ne craint vraiment que ce qu'il peut faire de mal, et au fond on appréhende qu'il se comporte mal… car il n'est pas un Rwandais »[66].

---

65 *Ibid.*, pp. 218-219.
66 *Ibid.*, p. 287.

La frontière n'est pas seulement négative, elle est espérance de ce que l'ordre rwandais saura apaiser, unifier, inclure l'Autre dans la sphère du partage. L'*irembo*, c'est l'ouverture et l'espérance de la frontière sur l'Ailleurs. Il est ouvert sur le ciel, sur l'infini.

« *Ainsi, à l'image journalière du passage, se joignent successivement les symboles "de l'espoir" (les issues élargies, l'horizon chargé de bénédictions) "d'un avenir heureux". (...)*

Les colonnes de l'irembo ne supportent que l'Ikirere "atmosphère", impalpable mais différente du néant. Dans l'atmosphère, plane pour ainsi dire "la grâce salvatrice", alors que le néant est pour l'homme "l'absence de mémoire", de vivant qui se souvienne de l'être que nous fûmes »[67].

Mais les Rwandais qui donnent une telle primauté à la Parole d'union, ignorent-ils la Parole d'opposition ?

Nullement ! D'un seul trait, le rite rappelle qu'à l'origine le fondement du langage humain fut partagé entre deux manifestations, avec pour clefs emblématiques le chiffre huit et le chiffre un :

« *Le rugo doit être bâti en huit jours, et achevé le neuvième. La même durée est de rigueur pour la rénovation des peaux de tambours. Si les Animistes avaient écrit la Genèse, ils auraient probablement transmis au monde la semaine de neuf jours. Le roi vécut huit jours. Le neuvième, il découvrit le Feu ! »*[68].

---

67   *Ibid.*, pp. 268-269.
68   *Ibid.*, p. 253.
     Au sujet du Rwanda, lire de Dominique Temple, « Ethnocide, économicide, génocide au Rwanda », in *Transdisciplines*, Paris, L'Harmattan, n° 13-14, 1995. « L'impasse génocidaire », in *La revue du M.A.U.S.S.*, n° 10, 1997, pp. 269-277. « Essai sur l'œuvre de Josias Semujanga : *Récits fondateurs du drame rwandais* » (1999).

V

Le principe de liminarité
chez les Ndembu

Nous interrogerons à présent un travail de Victor W. Turner[69] : *The Ritual Process*, traduit sous le titre : *Le phénomène rituel. Structure et contre-structure*, pour discuter le concept de *liminarité*, qui nous semble préciser ce que nous avons appelé la fonction contradictorielle dès lors qu'elle se manifeste à partir de la Parole d'union.

Victor Turner part de l'observation de rituels de la société Ndembu du nord-ouest de la Zambie. Il étudie en particulier l'intronisation d'un nouveau chef de la communauté. La liminarité vient compléter deux principes que l'auteur appelle *structure* et *communitas* :

« C'est comme s'il y avait ici deux "modèles" principaux, juxtaposés et alternés, de l'interrelation humaine »[70].

Le premier modèle est celui d'un système de positions institutionnelles différencié, culturellement structuré, segmenté et souvent hiérarchique[71].

---

69   Victor Witter Turner (1969) *The Ritual Process*. Trad. fr. : *Le phénomène rituel. Structure et contre-structure*, Paris, PUF, 1990.

70   *Ibid.*, p. 97.

71   *« Par structure, je veux dire comme auparavant "structure sociale" telle que l'entendent la majorité des anthropologues britanniques, c'est-à-dire un arrangement plus ou moins discriminant d'institutions spécialisées interdépendantes, et l'organisation institutionnelle des positions et/ou des acteurs qu'elles impliquent. Je ne parle pas ici de la "structure" dans l'acception rendue courante par Lévi-Strauss,*

Le second, « *qui émerge de façon reconnaissable dans la période liminaire, est celui d'une société qui est un "comitatus", une communauté non structurée ou structurée de façon rudimentaire et relativement indifférenciée, ou même une communion d'individus égaux qui se soumettent ensemble à l'autorité générale des aînés rituels* ».

C'est le second principe qui nous intéresse : la *communitas* de Victor Turner s'oppose-t-elle à la structure différenciée comme l'inconnu au connu, le chaos à l'ordre, l'inculte au cultivé, la nature sauvage à la structure pensée, le non-Soi au Soi ?

Il le semble bien puisque Turner oppose dialectiquement la *communitas* à la *structure* :

« *Le passage d'un statut moins élevé à un statut plus élevé se fait à travers les limbes d'une absence de statut (...) En d'autres termes, chaque individu fait dans sa vie l'expérience d'être exposé alternativement à la structure et à la communitas, ainsi qu'à des états différents et à des transitions de l'un à l'autre* »[72].

D'après l'auteur, dans la *communitas,* l'égalité prime sur l'inégalité, la communion sur le particulier, la totalité sur la partie, l'homogène sur l'hétérogène, la participation sur la séparation, l'union sur l'opposition, le dégradé sur le contraste. Or, tous les premiers termes de ces alternatives ne constituent pas des caractères du chaos ou du néant. La *communitas* ne résulte pas de l'absence de tout ordre, mais seulement de l'absence d'un ordre structuré par le principe d'opposition. Ne serait-elle pas structurée par le principe d'union ?

Victor Turner dit lui-même :

« *Ce n'est pas seulement le chef dans les rites que nous examinons ici, mais aussi les néophytes dans beaucoup de rites de passage, qui doivent se soumettre à une autorité qui n'est rien de moins que celle de toute la*

---

c'est-à-dire en tant qu'elle se rapporte à des catégories logiques et à la forme des relations entre elles. » (*Ibid.*, p. 161).

72 *Ibid.*, p. 98.

communauté. Cette communauté est le dépositaire de toute la gamme des valeurs, des normes, des attitudes, des sentiments et des liens de parenté propres à cette culture »[73].

Il n'est pas nécessaire d'insister sur la ressemblance des principes de *communitas* et de *maison* de Lévi-Strauss ou de *domus* proposé par Le Roy Ladurie. Comme l'*En Soi* de Robert Jaulin, la *communitas* dit sous une forme unifiée les valeurs que le principe d'opposition divise et classe. La *communitas*, totalité d'union, n'est donc pas l'envers de la culture, la nuit d'où émerge la lumière, le chaos d'où vient la pensée, mais une autre culture, une autre pensée, une autre lumière, celle de la communion et d'une unité contiguë, diffuse, progressive. Chacun, en effet, participe du tout en étant relation au même centre de référence, solidaire dans un Tout qui assume tout, et pour cette relation de chacun au Tout, une notion nouvelle est nécessaire que nous avons empruntée à Robert Jaulin : celle de *partage*.

Le partage est relation sans rupture, sans calcul ni comparaison. Il est uniment abondance et gratuité, même dans le dénuement, il n'est pas une relation individuelle d'un donateur à un donataire mais diffusion de proche en proche de ce qui appartient à tous simultanément et a priori. Le partage est gracieux, il naît d'une forme continue de l'être qui donne à chacun le sentiment de participer d'un Soi communautaire.

Mais qu'est-ce que cette redistribution d'une totalité qui se communique tout entière à chacun et qui ne compte pas le nombre ; une communion dans la Parole qui ne s'épuise pas d'être toujours redite ?

Une telle redistribution n'est pas la répartition de différentes parts de l'être, elle est bien davantage la multiplication de l'unité de l'être qui se communique intégralement à chacun. Le partage est cette diffusion de la

---

73 *Ibid.*, p. 103.

totalité à tous ceux qui peuvent la recevoir. Il est le miracle de la multiplication de l'Un. Le partage traduit pour tous l'unité de l'être de la communauté y compris entre les vivants et les morts, et donc de la Tradition. Il est l'expression concrète de la Parole d'union.

Ainsi, lors de l'intronisation du nouveau chef,

« *celui qui joue le rôle de prêtre proclame devant le peuple qui s'est réuni pour être témoin de l'installation : "Écoutez, vous tous, peuple assemblé. Kanongesha est venu pour naître aujourd'hui à la dignité de Chef. Cette argile blanche (mpemba) dont le chef, les sanctuaires ancestraux et les officiants vont être oints, est pour vous, tous les Kanongesha de jadis rassemblés ici ensemble. (...)". Dans les sociétés tribales, également, la parole ne signifie pas communication, mais aussi pouvoir et sagesse. La sagesse (mana) qui est transmise dans la liminarité sacrée n'est pas simplement agrégation de mots et de phrases ; elle a une valeur ontologique, elle refaçonne l'être même du néophyte »*[74].

La Parole d'union ne différencie pas le sens en valeurs particulières, opposées, complémentaires, elle ramasse au contraire l'être de la communauté (elle a une valeur ontologique) et le refaçonne : le voici reformé en une totalité d'autorité et de sagesse.

« *C'est pourquoi, dans les rites "chisungu" des Bemba, si bien décrits par Audrey Richards (1956), on dit que la fille recluse est "devenue une femme" grâce aux aînées – et elle l'est devenue par l'instruction verbale et non verbale qu'elle reçoit en préceptes et en symboles, spécialement par la révélation qui lui est faite des "choses sacrées" de la tribu sous la forme d'images de poterie »*[75].

Pour les Ndembu de Zambie, l'image de l'enfantement est la jarre. La genèse de l'humanité a pour image maîtresse la poterie. Ici, la Parole d'union révèle l'être social comme un enfantement.

---

74 *Ibid.*, pp. 103-105.
75 *Ibid.*, p. 103.

Victor Turner relie la *communitas* à la *structure* par la liminarité, mais sans faire de la liminarité un principe différent et directeur. Comment donc se réalise ce passage, en quoi consiste le principe de liminarité ? Voici sa description de l'initiation *"kumukindyila"* du nouveau chef :

« Le chef et son épouse sont habillés de façon identique, avec un pagne en lambeaux, et partagent le même nom "mwadyi". (...) Cette apparence asexuée et l'anonymat sont des attributs caractéristiques de la liminarité. (...) Symboliquement, tous les attributs qui distinguent les catégories et les groupes dans la structure de l'ordre social sont ici en suspens ; les néophytes sont simplement des personnages en transition, encore sans lieu ni position »[76].

Ces personnes ne sont pas simplement ambiguës ou neutres ou mélangées, elles sont beaucoup plus radicalement "annulées", réduites aux haillons, sinon à la nudité même. Elles ne s'inscrivent pas dans une forme intermédiaire entre deux structures, elles ne sont plus rien. Elles ne peuvent même pas être dites de la *communitas* : elles sont rejetées dans un statut inférieur à celui des membres de la *communitas* :

« C'est comme si elles étaient réduites ou rabaissées à une condition uniforme pour être refaçonnées à nouveau... »[77].

Le terme sur lequel nous insistons n'est plus "uniforme" mais "rabaissé".

Le futur chef est conduit avec son épouse dans une petite hutte qui s'appelle *kafu* :

« terme que les Ndembu font dériver de "ku-fwa", "mourir", car c'est ici que le futur chef meurt à sa condition d'individu ordinaire »[78].

Que l'initié ne soit plus rien est clairement exprimé par le rite que Victor Turner propose d'appeler "Les Injures au Futur Chef" : *« Tais toi ! tu es un imbécile misérable et égoïste... »*.

---

76 *Ibid.*, p. 103.
77 *Ibid.*, p. 96.
78 *Ibid.*, pp. 100-101.

Après ces imprécations, il lui est annoncé qu'il est choisi pour accéder à la dignité de chef pour tous, donc comme centre pour la *communitas* :

« *Ne sois pas égoïste, ne garde pas la dignité de chef pour toi tout seul ! (…). C'est toi et toi seul que nous avons désiré pour être notre chef. Laisse ta femme préparer de la nourriture pour les gens qui viennent ici, au village principal. (…)* »[79].

Situé dans l'obscurité du Rien, voilà que l'élu à la dignité de chef est promu pour être l'Unique, celui vers qui convergent les hommages de tous, et de qui tout revient pour tous. Victor Turner commente dans le même sens :

« *Il "doit rire avec les gens" et le rire (ku-seha) est pour les Ndembu une qualité "blanche" et fait partie de la définition de la "blancheur" ou des "choses blanches"* »[80].

C'est bien à présent cet ordre de la *communitas* que Victor Turner évoque comme s'organisant lui-même autour de celui qui va être son centre. Le chef doit rire car le rire est signe de cette blancheur « *qui symbolise le lien sans discontinuité qui doit idéalement réunir à la fois les vivants et les morts* ».

Certes, l'être est commun aux deux Paroles, mais il apparaît de plus en plus clairement que les auteurs s'accordent à reconnaître la Parole d'union comme l'expression religieuse qui unit, qui relie, pour Victor Turner comme pour Le Roy Ladurie et d'autres interprètes. Mais, alors, si la parole de tous ne peut être dite que par un seul pour tous, une contradiction apparaît entre le *centre* qui parle pour la totalité et la *périphérie* de la totalité.

Le centre, fût-il spontané, nomade, partagé, dit *Il* pour tous. La parole d'union est l'incarnation du *contradictoire*, mais le *contradictoire* ne peut demeurer en une place définie (le centre) par rapport à laquelle le reste signifierait le non-être. Le

---

79 *Ibid.*, p. 101.
80 *Ibid.*, p. 104.

contradictoire a pour dynamique la fonction contradictorielle, d'où une force centrifuge qui le ramène du centre vers la périphérie, dans l'Ailleurs, dans l'Autre de Robert Jaulin.

Qui l'emportera, le centre ou la périphérie ? Le "cœur" ou la "bouche" ? À cette frontière renaît un pronom impersonnel pour dire l'unité d'une relation réflexive avec l'au-delà. "Il" se décentre pour renaître où tout est possible, c'est-à-dire entre le Soi et le non-Soi. À présent, "Il" se projette sur un cercle liminaire pour dire une parole qui engage la totalité de la sphère de l'Être dans sa rencontre avec le non-Être. Et là, il se dépouille de tout apparat, il abandonne la gloire des rois, mais pour acquérir la transparence, la légèreté du surnaturel.

« Dans la plupart des types de liminarité, un caractère surnaturel est assigné au sentiment d'humanité, et dans la plupart des cultures, cette période de transition est en rapport étroit avec des croyances sur les pouvoirs protecteurs et punitifs de puissances ou d'êtres divins ou surhumains »[81].

On aimerait poursuivre en nommant ces êtres divins ou surhumains : des "esprits". Ce qui nous importe, ici, est le caractère surnaturel qui émerge de l'équilibre du *contradictoire* retrouvé ; *contradictoire* qui n'est pas situé dans la région centrale, dans le cœur de la totalité, ramassé dans la Tradition de la *communitas*, dans le noyau du Soi, mais reporté à la frontière où s'annonce l'Hors de Soi, avec lequel il est possible d'inventer du Plus que Soi, un au-delà du Soi, un être surnaturel irréductible au Soi, qui appartient non plus à la génération de la communauté, à la race ou à la nation, mais qui est croyance et puissance "divine" encore sans parole.

Le *contradictoire* s'est porté du *cœur*, par la *parole*, à la *bouche*, à la frontière du Soi ; du cœur il est allé au monde et là, à l'intersection de l'homme et de l'inconnu, naît plus que l'être ramené au Soi. Si dans cette liminarité un caractère surnaturel

---

81 *Ibid.*, p. 105.

est assigné au sentiment d'humanité, c'est que la parole est devenue l'expression d'un sentiment d'humanité qui s'ouvre sur l'au-delà.

« Les forces qui transforment les néophytes au cours de la liminarité pour qu'ils parviennent à leur nouveau statut sont ressenties, dans les rites du monde entier, comme des forces plus qu'humaines, même si elles sont invoquées et canalisées par des représentants de la communauté »[82].

Il faut donc associer à la Parole d'union, qui dit Tout dans l'Un, un mouvement centrifuge qui rapporte le centre à la frontière du Tout pour se conjoindre le non-être, et constituer de cette relation un être nouveau que l'on pourrait appeler *Lui*. Ce principe, qui reporte sinon le centre du moins la totalité à la périphérie, nous proposons de l'appeler, en reprenant le terme de Victor Turner, *principe de liminarité*. Il correspond à ce qui, dans la Parole d'opposition, a été appelé *principe de croisée* pour compléter le principe d'opposition.

On ne comprendrait pas que le principe moniste et le principe dualiste puissent organiser la société à partir de ces deux Paroles si le *contradictoire* lui-même ne renaissait comme appréhension simultanée sous l'angle de vue de Soi et de l'Autre, mais il ne peut renaître qu'au-delà du non-contradictoire, il ne peut renaître que de ce qui permet de passer du non-contradictoire au *contradictoire*, par cela que nous avons proposé d'appeler la *fonction contradictorielle*.

De même que la fonction symbolique a deux modalités – le principe d'union et le principe d'opposition –, la fonction contradictorielle a deux modalités pour engendrer l'être de la parole : le *principe de croisée* et le *principe de liminarité*. Ainsi, la liminarité de Victor Turner apparaît autre chose que le *seuil* entre deux paroles, entre deux discours, le discours politique et le discours religieux. La liminarité fait passer d'une structure moniste à une autre structure de même type, comme si « *le*

---

82 *Ibid.*, pp. 105-106.

passage d'un statut moins élevé à un statut plus élevé se faisait à travers les limbes d'une absence de statut ».

La liminarité est un seuil entre deux états où l'unité acquise s'expose à la contradiction du néant ou de la mort pour créer un être supérieur dont le principe d'union s'empare aussitôt. La périphérie, seuil même de la totalité avec le non-être, devient le lieu privilégié pour l'être parlant. Nous ne ferons ici que l'évoquer par une brève allusion à une brillante illustration de Victor Turner : François d'Assise. Comme le Christ, voici un homme qui se campe sur le seuil et qui refuse de se laisser récupérer par le centre. Dès que son œuvre menace d'être institutionnalisée, il se retire avec ses douze apôtres. Il ignore l'ordre centralisé. Il ignore la maison, fût-elle celle de Dieu. À la toute puissance du centre qui ramène tout à lui, Saint-François oppose le dépouillement du liminaire, la pureté d'une spiritualité allégée de la gloire, l'évidence de la nudité de l'être (ce que Jaulin, dans les dernières pages de *L'Année chauve*[83], appelle le *silence*). Ses successeurs auront le choix de la conciliation ou de l'opposition avec le principe d'union. Ils se diviseront en conventuels et spirituels. Les spirituels subiront l'Inquisition. Les Dominicains les vaincront, et la tiare liquidera le *limen*.

Ce que ne pouvait supporter le centre, c'était d'être réduit au centre, c'est-à-dire privé de sa dialectique missionnaire, de son mécanisme de croissance. Les disciples de Saint-François ne pouvaient pas supporter que l'on inféode le seuil au centre. Ils prétendaient élargir le seuil jusqu'à ce qu'il soit le *nouveau monde*, ils l'élargissaient jusqu'à Frère-loup, Frère-Soleil. Saint-François d'Assise l'élargissait jusqu'à l'impossible. Il engendrait une parole nouvelle, décentrée, non religieuse, surnaturelle, miraculeuse. Il l'élargissait jusqu'à la Mort, la Mort... qu'il disait *amie* !

---

83 Robert Jaulin, *L'Année chauve*, Paris, Métailié, 1993.

Sans la mort, la vie ne peut être relativisée et ne peut donner naissance au surnaturel. Quelle que soit leur expérience, quel que soit leur imaginaire, les hommes doivent atteindre par la souffrance et sinon par la mortification l'équilibre où se consument les forces de la vie pour que de l'anéantissement mutuel de la mort et de la vie naisse la vraie Vie, la Vie de l'Esprit, hors des temps, hors de tous espaces, hors de la nature.

Revenons à la Parole d'union. Elle fonde la communauté comme une totalité construite qui se donne un cœur et une bouche. La totalité est structurée d'une manière qui lui est propre. Cette structure est l'unité douée d'une morphologie concentrique composée de celui qui parle pour tous – au centre – celui-ci fût-il provisoire, d'une sphère qui représente la totalité et d'une périphérie extérieure où se trouve l'Inconnu.

Mais les deux Paroles, la Parole d'union (religieuse) et la Parole d'opposition (politique) cohabitent-elles chez les Ndembu de Zambie ?

Ce sont les observations de Victor Turner qui donnent la réponse :

« *Chez les Ndembu, les pouvoirs rituels du chef souverain furent limités par et combinés avec ceux détenus par un chef souverain du peuple autochtone Mbwela qui ne se soumit à ses conquérants Lunda, conduits par le premier Kanongesha, qu'après une longue lutte. Un droit important fut dévolu au chef Kafwana, appartenant aux Humbu, une branche des Mbwela.. (…) Dans les relations entre les Lunda et les Mbwela, et entre Kanongesha et Kafwana, on trouve une distinction, qui est familière en Afrique, entre les peuples qui détiennent la force politique et militaire et les peuples indigènes qui leur sont asservis, mais qui possèdent néanmoins des pouvoirs rituels »*[84].

---

84 *Ibid.*, pp. 99-100.

VI

La coexistence des deux Paroles chez les *Huni Kuin*

Nous discuterons ici le travail de Patrick Deshayes et Barbara Keifenheim[85] sur les *Huni Kuin* (plus connus sous le nom de Kashinawa) qui vivent dans la forêt amazonienne de l'ouest du Brésil. La société des *Huni Kuin* est organisée en deux moitiés : les *Inubake* et les *Duabake* :

« Ces deux moitiés sont subdivisées par les deux sexes de sorte que nous trouvons quatre parties : les Inubake se subdivisent en Inubake pour les hommes et Inanibake pour les femmes. De même, les Duabake se subdivisent en Duabake pour les hommes et en Banubake pour les femmes. (…) Chacune des quatre parties est redivisée une troisième fois en deux groupes de générations alternées : groupes d'identités s'il en est, à l'intérieur desquels se perpétuent les noms et les identités individuelles du grand père au petit fils, du vieillard à l'enfant »[86].

Aucun doute, les *Huni Kuin* sont un modèle d'organisation sociale *dualiste*. Ils en donnent eux-mêmes une version imagée à travers leur mythe des origines dont voici un résumé :

« Un jour, il se mit à pleuvoir très fort comme souvent en cette saison mais cette fois-ci la pluie ne s'arrêta pas ; tant et si bien que les sources et les fleuves débordèrent. La seule qui arriva à se sauver fut Nete Bekun

---

85 Deshayes Patrick & Barbara Keifenheim, *Penser l'Autre chez les Indiens Huni Kuin de l'Amazonie,* (Préface de Robert Jaulin), Paris, L'Harmattan, 1994.

86 *Ibid.,* p. 63.

*(Nete : "étoile" ; bekun : "aveugle"). (…) À la décrue, elle se retrouva
seule sur la terre. Pleurant ses parents jour et nuit, elle remplit quatre
calebasses de ses larmes (…). Des quatre calebasses sortirent dans l'ordre :
un garçon, deux filles et un garçon : Inu, Inani, Banu, Dua* »[87].

Plus loin, il sera précisé :

« *Appliqués aux quatre parties de la société des Huni Kuin, les
groupes de générations alternées engendrent huit "shutabu"* (classes) »[88].

Nom	même moitié	même sexe	même génération
BETSA	+	+	+
EPA	+	+	−
PUI	+	−	+
CHAI	−	+	+
AIN	−	−	+
ACHI	+	−	−
KAKU	−	+	−
EWA	−	−	−

Ensemble des relations possibles pour un homme.
(Schéma selon Deshayes & Keifenheim, p. 122)

Voilà donc un système classificatoire fondé sur le principe
d'opposition. Ce système est, comme le dit Jaulin lui-même,
"l'ordre kashinawa".

Deshayes et Keifenheim proposent donc une première
définition de l'Autre, qu'ils appellent "Autre du dedans" :

« *Il n'existe pas, bien sûr, une moitié du "Soi" et une moitié de
"l'Autre". L'Autre et le Soi, étant des ensembles définis relationnelle-*

---

87 *Ibid.*, p. 65.
88 *Ibid.*, p. 112.

68

ment, ils ne se construisent que dans des relations réciproques. Ainsi chaque membre d'une moitié est pour un autre membre de cette même moitié quelqu'un du "Soi" alors qu'il est pour un membre de la seconde moitié quelqu'un de "l'Autre" »[89].

Ils respectent donc ici la terminologie lévi-straussienne. Or, c'est dans cette société, qui pourrait être un prototype du système dualiste, que les auteurs vont mettre en évidence une tout autre organisation, l'organisation que nous avons qualifiée de "moniste"[90] :

« Si ce système définit explicitement un Autre-allié, il définit implicitement un nouveau Soi constitué des deux moitiés totémiques et un nouvel Autre rejeté dans l'inconnu. Ce nouveau Soi, ce sont tous ceux qui ont une place dans ce système relationnel décrit précédemment. Le nouvel Autre, ce sont les étrangers, ceux qui ne sont rien au regard de ce système »[91].

Deshayes et Keifenheim se réfèrent désormais aux catégories de Robert Jaulin. Les gens du Soi sont des gens du Même. Ils sont les gens qui se retrouvent les uns les autres par référence à la communauté de biens et de valeurs qui les unit.

« Ce Kuin "fermé", dit Jaulin, *idéal, endogamique correspond à un modèle langagier dont l'objet est de différencier : la frontière est théorique, elle ferme le "Kuin" sur lui-même, mais ne postule ni des relations négatives, ni la certitude de la non-relation avec l'autre ; elle n'est à cet égard que silencieuse »*[92].

---

89 *Ibid.*, p. 117.
90 Principe organisateur de la vie matérielle et spirituelle qui a une fonction analogue au principe dualiste : préserver ou restaurer le *contradictoire* au sein des communautés. Il rétablit l'équilibre nécessaire au *contradictoire* à partir du redoublement du mouvement centripète des biens (la récolte, par exemple) en sens inverse (centrifuge), c'est-à-dire de la redistribution.
91 *Ibid.*, p. 140.
92 Robert Jaulin, « Préface », *op. cit.*, p. 11.

Différencier veut dire désormais s'extraire du chaos, témoigner de quelque chose qui se reconnaît par rapport à ce qui lui est indifférent. La frontière ne démarque pas un autre soi-même mais le non-Soi. Elle reste silencieuse sur ce qui n'est pas à l'intérieur d'elle-même, aveugle sur ce qu'elle n'enclôt pas. L'Autre, de Jaulin, n'est pas défini par une négation mais par l'indéfini. Un indéfini au bord de ce qui est défini, pour ne pas être une négation, pose une difficulté logique, car les *Huni Kuin* nomment néanmoins le non-Soi : *"kuinman"*.

Notons d'abord ce qu'affirme le mythe des *Huni Kuin* :

« Les Huni Kuin apparaissent après le déluge. Ce sont les enfants de Nete Bekun ; Les ancêtres d'avant le déluge sont les Hiri. Ceci est important et montre que l'émergence de la division interne Inu/Inani/Dua/Banu est simultanée de celle de la division Huni Kuin/huni kuinman »[93].

On remarque aussi le nom de la mère unique qui allie deux termes contradictoires *étoile aveugle*. On pourrait dire encore que la Parole d'opposition est simultanée de la Parole d'union. Quant aux ancêtres d'avant le déluge, ils ne sont pas *kuinman*, indéfinis, étrangers. Ils ne sont donc ni présents dans la Parole d'opposition, ni présents dans la Parole d'union, mais ils en sont la source. La simultanéité des deux Paroles entraîne la compétition des deux principes d'organisation sociale contraires.

Les auteurs illustrent cette double logique :

« En même temps que l'on assigne avec qui on doit se marier et que par là on dit qui est l'Autre-allié, on distingue le Soi et cet Autre-allié formant l'unité des Huni Kuin du reste des hommes qui vivent sans ces règles : les huni kuinman. Ceci pour dire qu'il n'y a aucun principe de primauté sur ce que nous appelons "première" conception de l'Autre par rapport à la "seconde" »[94].

---

93 Deshayes & Keifenheim, *op. cit.*, p. 153.
94 *Ibid.*, pp. 153-154.

Cependant, l'homme doit prendre son épouse dans les femmes *ain*, c'est-à-dire de la moitié différente et de même génération. Or, seules sont *"Kuin"* les filles de ses *kuka kuin* ou de ses *achi kuin*, c'est-à-dire des frères de sa mère ou des sœurs de son père, ses cousines croisées. *Kuin* signifie donc ici ce qui est conforme à la règle de réciprocité bilatérale la plus stricte (*l'échange restreint* de Lévi-Strauss). Les autres sont dites *"kuinman"*.

On pourrait donc penser que *Kuin* veut dire *vrai*. *Kuin* serait un adjectif. Serait *vrai* tout ce qui serait régi par le système classificatoire. Tout pourrait être défini selon la même méthode : le village (*Mae*) est *kuin* s'il est créé par deux hommes qui sont doubles cousins croisés. Les autres sont *kuinman*, et leur existence sera passagère.

« *"mae kuin" : village "idéal" fait de huit classes à partir de deux hommes cousins croisés. Tout autre village est "mae kuinman"* »[95].

Il semble que l'on pourrait se contenter de l'idée de perfection ou de vérité pour définir le *kuin*. Mais l'idée de *kuin*, si elle inclut celle de perfection d'une communauté de huit classes exogamiques, est aussi l'idée d'une totalité de partage. *Kuin*, c'est la totalité idéale de l'humanité. Le terme *kuin* désigne tout ce qui est propre aux *Huni Kuin* : les plantes qu'ils cultivent, par exemple, tandis que les plantes cultivées par les Blancs sont *kuinman*. Les hommes *kuin* sont les hommes qui respectent les principes *kuin*. Les autres sont *Huni Kuinman*.

Huni Kuin est un nom générique qui regroupe dans l'unité tous ceux qui obéissent au même système classificatoire. Mais il ne désigne pas ce qui est préalablement défini ou classé par la Parole d'opposition. Il désigne la même chose de façon différente. Pour faire saisir cette distinction, Patrick Deshayes et Barbara Keifenheim parlent d'une céramique faite dans la communauté, et de la même céramique faite à l'extérieur :

---

95 Jaulin, *op. cit.*, p. 15.

71

« *Les Huni Kuin considèrent comme "shumu kuin" les seules jarres d'usage quotidien destinées à transporter du liquide. Les jarres rituelles, comme les autres objets de cérémonie ornés de dessins "kene" (expression de l'Identité), sont considérés comme "shumu kuinman". Si donc "kuin" signifierait "vrai" ou "authentique" (...) les objets seraient d'autant plus "kuin" qu'ils porteraient la marque des identités "Huni Kuin", à savoir les "kene". Or, c'est le contraire qui se passe. Seuls les objets non-"keneya" sont "kuin", c'est-à-dire seuls les objets qui ne portent pas la marque d'identité d'une quelconque personne »*[96].

Mais, commente Robert Jaulin :

« *Lors même qu'elle semble n'avoir d'autre sens que de contenir, lors même qu'aucune "écriture", aucun signe ne semble lui conférer une autre fonction que de contenir – telle la fonction identitaire exprimée par des dessins expressifs du propriétaire d'une jarre –, elle sera "kuinman" si elle est étrangère ; et elle sera d'abord, parce qu'elle appartient au domaine "kuinman", qui est celui du non-Soi, de "l'étranger", de l'Autre »*[97].

Du radicalement *autre*.

Une jarre du monde blanc n'est donc pas *kuin* car elle n'appartient pas au champ de référence défini par l'univers *kuin*. Il faut encore que la jarre s'inscrive dans cette totalité. Cette inscription suppose qu'elle soit mentalement l'image de cet univers, qu'elle le réfléchisse. D'où le terme de *réflexivité* donné à ce type de totalité.

Le *kuin* est un concept de la totalité de l'être. Tout élément *kuin* répond à une définition propre au "domaine" (la *domus* que Le Roy Ladurie situe à l'origine de la parole religieuse, le principe de *maison* de Lévi-Strauss) : les hommes, les jarres faites par les femmes de la communauté, les plantes cultivées par la communauté, les animaux domestiques, le village, etc., sont *kuin*. *"Yuinaka kuin"* : les animaux qui ne seraient mangés que par les hommes et non également par les

---

96 Deshayes & Keifenheim, *op. cit.*, p. 156.
97 Jaulin, *op. cit.*, p. 13.

esprits. S'exprime alors l'originalité de la Parole d'union :

« Ainsi le "kuin" définit bien un ordre du Soi. Mais pour déterminer le Soi comme une unité le "kuin" le spécifie "réflexif", c'est-à-dire un Soi qui n'aurait comme souci de n'avoir de relation qu'avec lui-même »[98].

Il est donc juste de dire avec Patrick Deshayes et Barbara Keifenheim que la même réalité est tantôt nommée par la parole classificatoire, la Parole d'opposition, tantôt par la Parole d'union. Les Kashinawa utilisent les deux Paroles. *Kuin* est l'unité des huit, le cercle qui inscrit le carré. *Kuin* est principe d'unité, Parole d'union, qui veut dire à sa façon ce que veulent dire, à la leur, les huit classes kashinawa.

LA LIMINARITÉ DÉDOUBLÉE CHEZ LES HUNI KUIN, LES FRONTIÈRES *"KAYABI"* ET *"BEMAKIA"*

Mais, alors, se pose la question : comment donner à la jonction du Soi et du non-Soi une forme qui ne soit pas d'opposition marquée ? Comment le *Kuin*, comme totalité de ce qui est défini, peut-il ne pas s'opposer à l'indéfini ?

Il faut imaginer un passage continu, une région intermédiaire, et par conséquent un troisième terme. La frontière entre le Soi et le non-Soi devient ainsi une région indécise, au-delà ou en deçà du Soi. Alors que dans un système dualiste ceux qui sont hors de la réciprocité ne sont pas humains de la façon la plus abrupte qui soit, ici, le passage avec ce qui n'est pas la totalité humaine est paradoxalement progressif, au point que Robert Jaulin, qui a défini le *kuin* comme totalité fermée parce que réflexive, a pu dire que le *kuin* était *"ouvert"*.

---

98 Deshayes & Keifenheim, *op. cit.*, p. 155.

Il y a en effet autour de ce qui est défini par les règles de l'ordre *kashinawa*, dès le moment où sa réalité est perçue par le principe d'union, une région d'approximation. Si le modèle, l'idéal ou le référent, se traduit par la parole *kuin*, tout un monde gravite autour de lui, plus ou moins parfait, plus ou moins intégré à la totalité, plus ou moins loin du centre focalisateur. Cette première région, qui est la zone d'influence du *kuin*, s'appelle chez les *Huni Kuin* : "*kayabi*".

Patrick Deshayes et Barbara Keifenheim proposent alors d'envisager la frontière du *kuin* non plus à partir du centre *kuin*, mais de l'horizon *kuinman*. Une autre région intermédiaire est en effet aussitôt appréhendée comme la zone d'influence, le plus souvent de menace ou d'oppression, de ce qui n'est pas *kuin* sur la société des *Huni Kuin*. Cette région intermédiaire est la partie d'humanité *kuin* modifiée (généralement meurtrie) par les êtres *kuinman*. Il s'agit d'une zone d'ombre qui s'étend sur le territoire normalement éclairé par la lumière *kuin*. Cette région, qui subit l'influence du dehors, est dite par les *Huni Kuin* : "*bemakia*".

Nous voyons la notion de l'Autre selon Robert Jaulin (l'Autre que Patrick Deshayes et Barbara Keifenheim appellent désormais "Autre du dehors"), prendre corps d'une façon particulière car cet Inconnu vient à se manifester et à affecter l'ordre du *kuin*. Reconnaître l'ombre portée de l'"autre" sur le Soi, reconnaître les manifestations du non-Soi parce que subies par le Soi, confère au radicalement *autre* une présence réelle. Aussi, les auteurs voient-ils dans l'influence *bemakia*, l'efficience de l'étranger sur l'ordre *kuin* et en définitive la réalité même puisque la seule éprouvée, perçue et reconnue, de l'Autre de Jaulin. Désormais l'"autre" peut être défini. Les animaux *non-kuin*, par exemple, et qui sont la nourriture des étrangers, sont des animaux *bemakia*.

Le non-Soi a donc des attributs qui peuvent être appréciés par les dégradations ou affectations subies par le Soi. Le non-Soi n'est pas annulé dans le néant, il est au contraire perçu comme puissant. Si le *kuinman* ne peut être défini, puisqu'il est le contraire de ce qui peut l'être, il n'en est plus de même de son influence. Les effets subis par le *kuin* tracent en négatif le visage de l'Étranger. *Bemakia* est l'empreinte de l'"autre" inconnu sur le monde connu. Pour Deshayes et Keifenheim, le radicalement "autre" doit être ramené à cette définition : il est *bemakia*.

Ainsi l'"autre" n'est plus tant *kuinman* que *bemakia* et peut être désigné sans être opposé au *kuin*, sans référence avec l'ordre *kuin*. Une relation s'installe avec lui, une relation d'influences entre principes contraires :

« Ce qu'exprime "bemakia", c'est l'Autre, l'Autre clairement défini dans un espace avec des habitudes qui lui sont propres et avec qui les relations, lorsqu'elles existent, ne sont pas de l'ordre de la reproduction du quotidien mais de l'ordre de l'exceptionnel »[99].

Logiquement donc, dans cette perspective, *"bemakia"* :

« c'est une catégorie fermée et immuable au même titre que kuin. La liste des animaux "bemakia" est aussi close que celle des animaux "kuin". À la différence de "kuin" qui exprime le Soi, "bemakia" caractérise l'Autre : non simplement en ce qu'il est non-Soi (le non-Soi est, nous l'avons dit, "kuinman"), mais dans sa spécificité »[100].

Le déplacement de la contradiction entre le Soi et l'"autre", *(autre = kuinman)* devient *(autre = bemakia)*, s'accorde au fait que la Parole d'union rend impossible toute opposition complémentaire, elle institue en lieu et place d'une opposition corrélative une superposition d'influences de principes contraires, de sorte que l'on peut dire :

« Le monde des Huni Kuin est bipolarisé : par le "kuin" d'un côté

---

99 Deshayes & Keifenheim, *op. cit.*, p. 173.
100 *Ibid.*, p. 177.

et par le "bemakia" de l'autre. Le "kuin" représente, bien sûr, le point de vue des Huni Kuin, le "bemakia" étant l'opposé spatialement et existentiellement : c'est l'Autre »[101].

Il faut donc à présent distinguer une bande frontière entre le *kuin* et le *kuinman* où se manifestent les influences du *kayabi* et du *bemakia*. Les deux frontières ne se recouvrent pas. *Kayabi* est un *kuin* faible, impuissant ou altéré. *Bemakia* apparaît comme la puissance de *kuinman* d'altérer la réalité sociale des *Huni Kuin*. Cette bipolarité, les auteurs la voient projetée sur le sol : l'espace du village entouré d'une zone de forêt cultivée, puis de forêt traversée de chemins de chasse, enfin de forêt vierge. Le village est *kuin*, l'espace cultivé *kayabi*, la forêt chassée est dite habitée par les esprits, elle est donc *bemakia*, et la forêt profonde *kuinman*. Ils reconnaissent que :

« La zone de transition définit ici une situation de rencontre très forte puisqu'elle met en concurrence les hommes et les Esprits »[102].

Les auteurs situent désormais cette zone de passage comme un lieu d'affrontement des deux pôles qu'ils ont définis précédemment, la forêt seulement peuplée par les esprits *bemakia*, et le village habité par les *Huni Kuin*. Or, à l'intérieur du village, toutes les relations sont de *réciprocité positive*, modelées par l'alliance de parenté. L'ordre interne kashinawa est planifié par la seule réciprocité positive (alliances matrimoniales et offrandes réciproques). Par contre, selon Patrick Deshayes et Barbara Keifenheim, les esprits sont perçus comme hostiles, au point que le simple fait de manger des animaux dont ils se nourrissent (ils ne se nourrissent que d'animaux *bemakia*) fait courir aux *Huni Kuin* un risque très grave :

« Déjà, le simple fait d'avoir été conduit par des circonstances exceptionnelles à tuer un de ces animaux, obligera le chasseur à se

---

101 *Ibid.*, p. 183.
102 *Ibid.*, p. 189.

soumettre à un jeûne prolongé et à des rituels de purification. Cette provocation à l'égard des Esprits entraînera inévitablement une riposte agressive de leur part. C'est une manière violente d'entrer en contact avec l'Autre pour se mesurer à lui, au prix de se perdre comme humain »[103].

Ces rituels de purification ne seraient-ils pas des mortifications ? Cette mort rituelle qui anticipe sur la vengeance d'autrui, ne serait-ce pas la porte de la *réciprocité négative*, la réciprocité de vengeance ? La chasse d'un animal *bemakia*, n'est-ce pas le meurtre d'un animal protégé, voire animé par un esprit hostile qui se vengera ? Provocation et riposte agressive inévitable, n'est-ce pas la *réciprocité négative* elle-même ?

Le manque d'informations ne nous permet malheureusement pas d'étayer cette hypothèse. Mais les auteurs nous donnent des indications que nous pouvons interpréter comme les traces d'un discours des *Huni Kuin* sur la réciprocité des meurtres. Patrick Deshayes et Barbara Keifenheim racontent comment le chasseur doit appeler l'animal pour le tirer à l'arc. Mais, s'il n'y parvient pas, il le suivra pour l'approcher. Il peut ainsi se perdre dans la forêt et devenir la proie des esprits : chasseur chassé par d'autres chasseurs. Ne sommes-nous pas à nouveau dans l'évocation de la réciprocité négative ? Y aurait-il donc un rapport entre la chasse, du moins la chasse dans la forêt profonde, et la réciprocité négative ?[104]

---

103 *Ibid.*, p. 194.
104 Dans cette forme de réciprocité, il ne s'agit pas de détruire autrui, mais de construire une relation génératrice d'une conscience commune, et d'être reconnu comme Homme, fût-ce comme ennemi. Cf. B. Meliá et D. Temple, *La réciprocité négative : Les Tupinamba*, Collection *réciprocité*, n° 5. Version française du chapitre *"El nombre que viene por la venganza"*, dans *El don, la venganza, y otras formas de economía guaraní*, Asunción del Paraguay, 2004.

Certes, le bon chasseur est célébré comme un grand donateur par ceux qui bénéficient de la redistribution de nourriture. Mais un mythe des *Huni Kuin* raconte, aussi, qu'*il se trouvait un chasseur si maladroit, qu'un esprit de son 'shutabu' le prit en compassion et lui apporta son aide.*

Nous apprenons donc que si les esprits peuvent être dits hostiles, ceux de son propre clan sont hostiles aux autres et sont donc protecteurs du clan. Cette précision nous invite à considérer les esprits non plus comme des esprits ennemis, mais comme des esprits guerriers.

Le mythe poursuit : *désormais, le chasseur maladroit devint un grand chasseur.* Mais voilà que son esprit protecteur séduit sa femme, et l'homme se venge en le tuant... N'est-ce pas l'instauration de la réciprocité de vengeance ?

La chasse est une activité dont le référent est l'affrontement des guerriers. S'engager dans la forêt profonde, c'est défier les Esprits. Or, disent Deshayes et Keifenheim :

« C'est une manière violente d'entrer en contact avec l'Autre pour se mesurer à lui au prix de se perdre comme humain ».

Les auteurs voudraient-ils dire que l'enjeu de la réciprocité de violence est d'acquérir un "être supérieur" à celui du *kuin* ? Ou encore qu'il s'agit de l'ambition d'être le siège de l'esprit né de la réciprocité de vengeance, fût-ce au prix de l'être *kuin* c'est-à-dire de l'être acquis par la réciprocité d'offrande ? Voudraient-ils dire que l'homme recherche aux frontières des offrandes réciproques une *autre relation de réciprocité* pour entrevoir ce qui naîtrait au-delà ?

Les *Huni Kuin* qui s'en vont chasser dans la forêt vierge, que chassent-ils ? Connaîtraient-ils la tentation d'être autres que d'être-pour-eux-mêmes ? La souffrance et la mort seraient-elles la voie d'un autre monde ? Qu'est-ce qui guide le chasseur plus loin que l'éleveur de bétail comme s'il était emporté par la houle des arbres, les labyrinthes des rivières, comme s'il était attiré par les sols mouvants des marais, happé par les rideaux de nuit, d'arbres et de pluie ? Pourquoi va-t-il au bout de ses propres forces, pourquoi se risque-t-il sous la voûte des morts ? Serait-ce la hantise d'une présence qu'il approche lorsqu'il abandonne son propre Soi ?

Patrick Deshayes et Barbara Keifenheim ont défini le centre *kuin* comme le principe d'union de la réciprocité positive, et un cercle *kayabi* comme région intermédiaire entre le *kuin* et le *kuinman*. Leurs observations sur le rapport du village et de la forêt vierge, des chasseurs et des esprits, des esprits et de la vengeance, conduisent à une nouvelle perspective : la frontière *bemakia* semble à présent pouvoir témoigner de la réciprocité négative. Lorsque les auteurs qualifient *bemakia* comme la frontière d'une entité fermée, on peut comprendre cette frontière non plus comme ce qui est propriété de l'"autre", mais comme ce qui relève de la totalité de la réciprocité négative ; de la même façon que *kayabi* est la frontière d'une totalité de réciprocité positive.

Les deux frontières *kayabi* et *bemakia* peuvent donc à présent s'interpréter comme deux frontières du Soi, l'une en termes positifs, l'autre en termes négatifs, vis-à-vis de l'Inconnu. Robert Jaulin dit que le défi à l'Inconnu, la provocation au Non-Soi, a pour objet d'affirmer l'ordre kashinawa. Invitation et défi sont deux adresses à l'ami et à l'ennemi possibles à sortir de l'ombre pour appartenir au monde kashinawa, invitation au chaos pour que de l'être émerge à la lumière, pour qu'il advienne de l'humanité, fût-ce comme esprits ennemis, invitation à l'inconnu redouté, les Incas des Andes ou les Blancs, ces dieux d'un autre monde[105].

---

105 Aujourd'hui, la catégorie *bemakia* est utilisée pour les échanges commerciaux qui ne sont pas des dons réciproques mais des relations d'intérêts concurrents, c'est-à-dire pour le commerce avec les Blancs, qui semble donc être interprété par les *Huni Kuin* comme réciprocité négative.

Robert Jaulin a raison : l'Ailleurs, l'"autre" irréductible, est *kuinman*. *Bemakia* est une frontière de la réciprocité négative. La cohérence de l'analyse de Deshayes et Keifenheim voudrait – si *bemakia* n'était que de l'autre et *kayabi* du Soi –, que le *bemakia* puisqu'il est négatif soit redoublé d'un *bemakia* positif ; et le *kayabi* puisqu'il est positif, d'un *kayabi* négatif, car l'"autre" radicalement "autre" ne peut être présumé ni seulement positif ni seulement négatif ; ou bien que *kayabi* ne soit ni négatif ni positif et que *bemakia* ne soit ni négatif ni positif, mais l'un et l'autre à la fois.

En guise de réponse, Patrick Deshayes et Barbara Keifenheim nous donnent à interpréter la fête rituelle des *Huni Kuin* :

« Soudain, à l'entrée du village, des cris et des hurlements se font entendre. Une masse feuillue encore peu distincte de la forêt s'agite. Elle semble se détacher de la forêt pour s'avancer vers le village. Alors les hommes du village saisissent leurs arcs, leurs flèches, leurs trompes et leurs fusils et se précipitent vers cet étrange envahisseur. Parmi les cris des défenseurs, les mêmes exclamations sont formulées sans surprises : "les hommes-plantes... les étrangers... les Esprits de la forêt". (...) Les hommes du village attendent encore un peu puis l'affrontement a lieu. Des flèches fusent, des coups de fusil sont tirés, pour en venir ensuite au corps à corps. Alors, les hommes du village s'aperçoivent que ce sont leurs alliés, beaux-pères et beaux-frères qui sont sous les feuillages. Fendant le groupe des hommes-plantes, ils vont crier avec eux et les amener jusqu'au centre du village. Là, un tronc de palmier "tau", creusé en son centre, est couché ; c'est le "kacha". Alors les alliés-couverts-de-plantes vont se défaire d'une partie de leurs feuilles pour danser et chanter autour du "kacha". Ensuite, ils vont s'asseoir devant leurs femmes et ceux du village vont les couvrir de présents de viande »[106].

---

106 *Ibid.*, pp. 219-220.

Les auteurs distinguent trois phases :
1) L'intrusion des êtres étranges, le combat et les retrouvailles des alliés.
2) La danse et les chants autour du *kacha*.
3) L'échange de nourriture qu'ils interprètent comme le passage des intrus supposés "Autres du dehors" en "Autres du dedans" pour faire basculer la guerre en alliance.

Et de conclure :

« La guerre simulée de la "kachanawa" n'ayant aucun autre sens que de défendre le Soi et par là de sauvegarder l'indivision, ce rituel révèle dans sa mise en scène combien l'alliance interne et la guerre externe se conjuguent dans la conception Huni Kuin. Leur finalité est la même : la cohésion du groupe comme "totalité une" »[107].

Ils explicitent cette thèse :

« Nous avons déjà dit que, sur le plan effectif du fonctionnement, l'alliance entre les deux moitiés totémiques se révèle comme continue. Elle est aussi bien fondatrice de la société que garante de son maintien continu comme "totalité une". L'alliance est indissociable du corps social Huni Kuin et élément même de sa continuité (...). Grâce à la discontinuité simulée, l'alliance révèle sa fonction. Loin de s'inscrire dans un équilibre d'inertie, elle fait jaillir son caractère dynamique en s'opposant comme alternative à la guerre (...). Non pas but mais moyen, elle trouve sa raison d'être dans la volonté politique de maintenir les forces multiples de la société dans un équilibre. Cet équilibre fait que la société persévère dans l'indivision »[108].

Cette indivision serait le principe de la société. Les auteurs interprètent la succession guerre/alliance comme signifiant l'avènement de l'unité d'une totalité. Ce qui implique que l'alliance est supérieure à la guerre dans l'ordre du Soi. Les étrangers, disent-ils, seraient dès lors des *Huni Kuin* qui auraient abandonné la collectivité et qui reviendraient chez eux comme

---

107 *Ibid.*, p. 222.
108 *Ibid.*, pp. 221-222.

des enfants prodigues. Ils seraient très vite reconnus et débarrassés aussitôt de leur visage d'étrangers.

Les auteurs ajoutent cependant :

« L'Autre du dedans, engendre l'alliance ; l'Autre du dehors engendre la guerre ».

Comment l'"autre" radicalement "autre" peut-il donc être la guerre ? N'y a-t-il pas là une contradiction ?

Patrick Deshayes et Barbara Keifenheim pensent que le mythe rappelle l'émergence du chaos. À l'extérieur, la guerre, à l'intérieur, la paix. Ceux qui s'égarent hors de l'ordre "kuin" sombrent dans le chaos. Ils errent dans la nuit végétale et lorsqu'ils re-découvrent la communauté "kuin" ils revoient la lumière, déposent leurs armes. Mais les hommes-feuilles ne reviennent pas les mains vides : ils apportent des chants qu'ils auraient appris des esprits végétaux ! Que veut dire qu'ils soient porteurs de chants ?

Les auteurs ont heureusement noté que le rituel se dissocie en deux manifestations : l'une a lieu le matin, l'autre au crépuscule. Or, elles sont identiques à ceci près que les rôles sont inversés : ceux qui sont les attaquants à l'aube jouent au crépuscule les attaqués, et inversement.

Notre interprétation s'appuiera sur cette ultime observation qui situe le cadre de tout le rituel. Ce cadre est celui de la réciprocité primordiale tout entière ordonnée à la naissance du *contradictoire* à partir de la confrontation et de la relativisation des contraires.

Puisque les uns et les autres changent de rôle, il n'y a pas symétrie entre deux moitiés ennemies puis entre deux moitiés amies, mais opposition entre une moitié qui incarne l'hostilité quand l'autre incarne l'amitié et réciproquement, c'est-à-dire entre deux moitiés *à la fois* ennemies et amies, de sorte que l'une est amie lorsque l'autre est ennemie. Il n'y a pas quadripartition, qui serait matin simulacre de réciprocité négative et soir simulacre de réciprocité positive (+ + et − −), mais au contraire relation *croisée* (matin − + et soir + − : les ennemis qui se déclarent tels sont reconnus sous le masque du feuillage comme amis par les autres). Ce principe, que nous avons appelé *principe de croisée*, permet non seulement d'équivaloir réciprocité positive et réciprocité négative, mais de *les associer contradictoirement de façon à faire naître entre eux un état d'équilibre* : et cet état d'équilibre, qui est lien entre les deux, est figuré par un tronc de palmier creux, lieu des chants et des danses.

À l'intérieur de chaque rituel, soir ou matin, nous distinguerions bien trois phases mais dans un sens légèrement différent de celui retenu par Deshayes et Keifenheim. La première phase serait la rencontre hostile des hommes-feuilles : étrangers, arcs, fusils, corps à corps. La troisième phase, au contraire, est la rencontre amicale et même d'alliance : distribution de nourriture, les hommes se mettent en face des sœurs de leurs hôtes qui deviennent leurs femmes. Dans la seconde phase, autour d'un tronc d'arbre creusé, les thèmes de l'hostilité et de l'amitié n'apparaissent ni l'un ni l'autre. Se neutralisent-ils ? Qu'est-ce qui peut donc occuper ce temps voué ni à la guerre ni à l'alliance matrimoniale ou la fête de nourriture ?

« *Là, un tronc de palmier tau, creusé en son centre, est couché ; c'est le kacha. C'est autour de ce vide creusé dans le tronc d'un palmier que les hommes dansent et chantent* ».

Que veut dire le tronc de palmier creusé ? L'arbre est-il l'image du lien social, et ce creux dans l'arbre est-il l'image d'un vide dans la nature qui puisse être le berceau d'une puissance surnaturelle, le siège d'une liberté spirituelle dont le souffle inspira à l'homme le premier morceau de poésie, la première mélodie, le premier pas de danse, le premier dessin abstrait ?[109]

---

109 C'est dans un tronc de palmier que siège le Tiers de la réciprocité chez les Jivaros (Shuar), dans le mythe de *Nuñui*, lorsque la réciprocité

En écrivant ces lignes auxquelles j'avais ajouté "le premier dessin abstrait" à "la poésie, la musique et la danse", alors que seules ces dernières sont dûment indiquées par le mythe, je fus saisi d'une hésitation, car si la figure littéraire permettait de ne pas pénaliser la peinture par rapport aux autres arts primordiaux, elle forçait manifestement le texte que je relisais de Patrick Deshayes et Barbara Keifenheim, et qui ne parle pas de peintures ou dessins dans la célébration du rituel de la *kachanawa*, et je refermais leur livre dans cette indécision. Mais surprise ! L'illustration de la couverture du livre est une photographie des hommes-feuilles, de deux hommes-feuilles, plus exactement, dont le visage est dessiné et peint de motifs géométriques. Les dessins abstraits étaient là ! Et qui plus est, comme "visage de l'humanité" des *Huni Kuin* !

Je note aussi qu'ils sont très semblables aux motifs d'une autre communauté Pano, les Shipibo. Or, l'anthropologue allemande Angelika Gebhart-Sayer[110] a montré que les dessins en question sont la traduction de chants, et qu'ils sont obtenus par les visions des chamans de leurs esprits protecteurs.

---

positive et la réciprocité négative s'équilibrent. Cf. Dominique Temple & Mireille Chabal, *La réciprocité et la naissance des valeurs humaines*, chap. "La réciprocité négative chez les Jivaros", Paris, L'Harmattan, 1995.

110 Cf. Angelika Gebhart-Sayer, *The Cosmos Encoïled : Indian art of the Peruvian Amazon*, Catalogue de l'exposition organisée par le *Center for Inter-American Relations*, Washington, 1984.

« *Les artistes les plus remarquables pratiquaient autrefois certaines disciplines spirituelles et physiques, comme le jeûne, la continence, la peinture mentale des dessins et l'accroissement du "Tena" (l'imagination) par les plantes médicinales. Souvent, elles étaient "couronnées", par le chaman, de l'invisible "quene mati" : la couronne de dessins. Ces couronnes augmentaient leur prestige social au même titre que la puissance de leur "shina" (la pensée)* ». Cf. Dominique Temple, « Le sceau du serpent », *La Céramique et le Verre*, n° 64 L'Art Céramique Shipibo, Vendin-le-Vieil, Mai-Juin 1992.

En observant que les Guarani incisaient sur leurs corps de tels dessins à chaque mortification rituelle qui succédait à un meurtre guerrier, et d'autre part que, pour être chaman, il faut souvent être *d'abord* un guerrier, j'ai suggéré que ces dessins et ces chants aient pour origine la *réciprocité négative*[111]. Le fait que les hommes-feuilles soient des guerriers, et que ce soient les hommes-feuilles qui apportent les chants-dessins, est un nouvel argument pour cette hypothèse.

Y aurait-il entre *kayabi* et *bemakia* un lieu où la parole s'avance au-delà de l'imaginaire ? La succession temporelle guerre/paix ne serait-elle que de pure forme, et la flèche de la structure ne serait-elle pas le moment intermédiaire *contradictoire* à l'état pur qui échappe au temps, au futur comme au passé, pour engendrer la présence de ce qui est, hors des temps, l'*éternité* ?

Le principe de liminarité a donc été dédoublé entre deux frontières, l'une positive, l'autre négative. Ces deux frontières sont distinctes comme l'étaient les relations des moitiés dans la quadripartition. Mais le rite les associe pour dire à quel point elles n'ont elles-mêmes de sens qu'*unies contradictoirement*, comme le rite aymara rappelait également que les moitiés amies et ennemies n'avaient de sens que si elles se rappelaient d'un *équilibre* fondateur.

Ainsi, le principe de liminarité correspond-il au principe de croisée. Il ne redouble pas seulement le mouvement de redistribution centrifuge par un mouvement d'offrande centripète. Il oppose au mouvement positif un mouvement négatif, et au mouvement négatif, un mouvement positif.

---

111 Cf. Dominique Temple, « L'imaginaire et le symbolique » (1999), publié en castillan dans *Teoría de la reciprocidad*, Padep-gtz, La Paz, 2003.

VII

La coexistence des deux Paroles chez les Aymaras

La coexistence des deux Paroles s'est déjà annoncée avec la présence d'une structure dualiste discrète dans les communautés Rwanda, elle s'est plus clairement affirmée dans les communautés Huni Kuin. La thèse que nous proposons de défendre est que la présence simultanée des deux Paroles est une constante.

Les communautés humaines donnent-elles la préséance à l'une ou l'autre, ou bien les utilisent-elles systématiquement toutes les deux ? L'une permettrait-elle un développement de l'être social différent de l'autre ? Dans cette éventualité, qui renoncerait à leur usage simultané ? Qu'en serait-il également du rapport des deux Paroles entre elles ?

Nous illustrerons la coexistence de la Parole d'opposition et de la Parole d'union en empruntant ses observations colorées à l'anthropologue chilienne Verónica Cereceda[112].

---

112 Verónica Cereceda, « A partir de los colores de un pájaro... », *Boletín del Museo Chileno de Arte Precolombino*, N°4, Santiago de Chile, 1990, pp. 57-104 (c'est nous qui traduisons).

LE FAUCON *ALLQAMARI*

Verónica Cereceda nous raconte que dans les autobus qui sillonnent les Andes de Bolivie, le chauffeur s'exclame : « Quelle chance ! » lorsque devant lui s'envole un faucon *Allqamari* dont le mouvement des ailes fait alterner les couleurs *noire et blanche*. Et tandis que leurs visages s'éclairent d'un sourire, les Aymaras, dans l'autobus, lèvent leur chapeau en signe de joie.

L'oiseau adulte est *blanc et noir*, mais lorsqu'il est jeune il est uniformément *gris* ; lorsqu'il devient vieux, il redevient de ce *gris* indéfini que les Aymaras nomment aussi *"café"*. Quand ils croisent un oiseau adulte blanc et noir, les hommes lèvent leur chapeau, mais s'ils rencontrent des oiseaux gris, jeunes ou vieux, ils ne lèvent pas leur chapeau et le conducteur de l'autobus ne dit pas « Quelle chance ! ».

Verónica Cereceda s'interroge sur cette dichotomie :

café	blanc – noir
jeune	adulte
pas de chance	chance

(Schéma V. Cereceda, p. 61)

Verónica Cereceda souligne que le contraste noir et blanc forme déjà une dichotomie, et plus précisément une opposition corrélative : celle de "lumière et ombre", terme dit dans la nomenclature de Brondal à laquelle elle se réfère "complexe", et qui s'oppose à "café" un terme dit "neutre". Le "café" peut se concevoir ainsi comme la négation logique du terme "complexe". Cereceda propose donc la symétrie suivante :

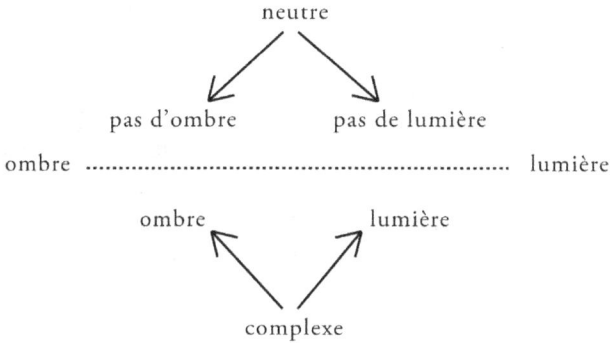

neutre

pas d'ombre   pas de lumière

ombre .... lumière

ombre   lumière

complexe

/ neutre, non contrasté / vs / complexe, contrasté /

Mais on peut aussi opposer la logique d'une opération à celle de l'autre : le *café* devient la conjonction de ce dont le contraste *noir et blanc* est la disjonction. Le *café* peut être l'expression par l'unité de ce que le contraste *noir et blanc* traduit par l'opposition corrélative.

Le support de ces deux opérations contraires devrait alors être *en lui-même contradictoire* :

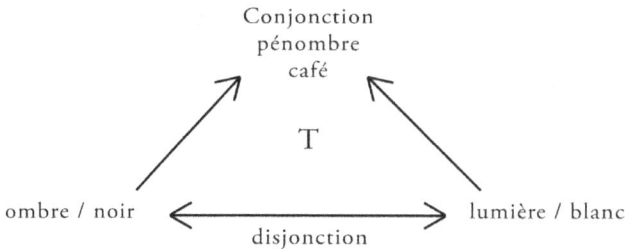

Conjonction
pénombre
café

T

ombre / noir   lumière / blanc
disjonction

T = contradictoire
(Schéma D. Temple)

89

L'opposition entre "noir-blanc" d'un côté et "café" de l'autre est-elle de même nature que l'opposition entre blanc et noir ? Les Andins interprètent-ils l'opposition du *café* au contraste *noir et blanc* selon le même principe que l'opposition *ombre-lumière*, c'est-à-dire comme une opposition de termes *corrélés* entre eux ?

Si oui, le *café* est double : "ni" ombre "ni" lumière parce que le *noir et blanc* est ombre "et" lumière. Ou bien l'opposition entre "café" et "noir et blanc" n'est pas corrélée et il s'agit de purs contraires. Et dans ce cas, le *neutre* n'est pas une dualité (*ni-ni* opposée à une autre dualité *et*) mais peut être "l'unité de la conjonction", tandis que le contraste *ombre-lumière* est "l'opposition de la disjonction"[113].

Il n'y aurait alors que deux termes contraires : la conjonction qui se représente par l'Un (la pénombre), et la disjonction qui forcément se représente par Deux (ombre et lumière), c'est-à-dire l'homogène et l'hétérogène. Nous ne serions plus dans un système quadripartite, mais dans la juxtaposition d'une dualité et d'une unité dont le support commun serait une perception contradictoire, l'appréhension primitive dès lors qu'elle naît de la structure fondatrice : la réciprocité primordiale.

En sa qualité d'oiseau annonciateur de nouvelles, porteur de présages, l'*allqamari* est prédestiné à signifier quelque chose, et, ici, le *gris* (café) est lié à l'immaturité ou à la vieillesse, le *contraste* à la maturité de l'adulte. La conjonction (le *neutre*) sera donc significative de la faiblesse, et la disjonction (le *complexe*) de la puissance.

Le sens de l'homogène et de l'hétérogène (du *neutre* et du *complexe*, de la conjonction et de la disjonction) est ainsi orienté

---

113 « *Le café, depuis sa position de "neutre", se scinde en deux laissant échapper l'ombre et la lumière qu'il contenait en lui. C'est-à-dire, un état d'abord de fusion de l'ombre et de la lumière (ni ombre, ni lumière), et ensuite, un état de disjonction qui fait apparaître les deux extrêmes.* » (*Ibid.*, p. 66).

par le fait que l'oiseau est immature ou vieux quand il est de couleur homogène, et adulte lorsqu'il est de couleur hétérogène.

Lorsqu'il est jeune, l'oiseau est appelé *"suwa mari"*. Adulte, il est appelé *"allqa mari"*. *Allqa* est employé, rappelle Cereceda, chaque fois que l'on veut signifier une opposition complémentaire entre des couleurs ou un contraste entre noir et blanc[114]. Elle conclut son analyse en disant que *allqa* veut signifier l'opposition mais, observe-t-elle, pas n'importe laquelle, car *allqa* ne signifie l'opposition que lorsqu'elle est une disjonction entre parts égales, une disjonction équilibrée, c'est-à-dire ici une *opposition corrélative*.

Maîtriser les oppositions corrélatives, c'est devenir "comme un *Allqamari*" adulte, cultivé, sage. Dans cette représentation "semi-symbolique"[115], la sagesse de l'homme adulte est assignée à la maîtrise des oppositions. Les paysans d'Isluga, par exemple, disent qu'admirer les textiles en *allqa*, c'est : "devenir intelligent".

« Et de même, la petite "allqa" que portent les hommes – deux glands de couleur vive, généralement vert et rose, pendant de la lanière qui leur sert de ceinture –, sert à "se rappeler les choses", elle est "très bonne pour la mémoire" ou, même, "pour penser et comprendre" »[116].

La parité *ombre* et *lumière*, la complémentarité, l'opposition corrélative, définit une forme de culture qui se manifeste par une rationalité binaire, par le "d'une part/d'autre part", qu'affectionnent les orateurs aymaras…

Si l'on corrélait à présent le *neutre* et le *complexe* par le principe d'opposition, le *café* devrait signifier l'opposé de la culture, la nature. Dans l'autre hypothèse (pas de corrélation),

---

114 *Ibid.*, pp. 66-68.
115 *« Une relation qui rend homologue une catégorie complète dans le plan de l'expression à une catégorie complète dans le plan du contenu est désignée par la sémiotique comme système semi-symbolique. »* (*Ibid.*, p. 65).
116 *Ibid.*, p. 85.

le *café* signifiera comme le *noir et blanc* le passage de la nature à la culture, et la conjonction aura une fonction de signification analogue à celle de la disjonction. Le *neutre* recevra des valeurs propres. Et puisque nous sommes dans un système semi-symbolique, l'oiseau lui imposera ses connotations : ces valeurs seront donc celles de l'oiseau *gris*, de l'immaturité ou de la vieillesse.

Quelles valeurs ont été articulées à la couleur de l'oiseau jeune ? Rien ne nous autorise pour le moment à penser à lui comme étant simplement "la nature". Elles sont très peu nombreuses :

« *Les thèmes que nous voyons apparaître en relation avec la racine "suwa"* (poussin) *renvoient à une idée générale d'affaiblissement et manque de forces, dans la sécheresse des semis, dans le malade qui ne guérit pas, dans la bière qui ne parvient pas à être à point, à ce qui nécessite plus de soleil. Les synonymes cités ajoutent, par ailleurs, une idée de manque...*»[117].

Voilà qui renvoie soit à la vieillesse, soit à l'immaturité. Il ne s'agit donc pas de la nature qui s'opposerait à la culture, du chaos qui s'opposerait à l'organisé, du non-sens qui s'opposerait au sens, mais plutôt d'un *nouveau* sens. Il y a un sens pour l'oiseau adulte, un sens pour l'oiseau jeune ou âgé : deux formes culturelles, l'une la santé, l'autre l'impuissance par insuffisance ou sénescence.

Pour redire ce point, le passage de l'inconscient au conscient peut s'effectuer soit par l'opposition corrélative (Parole d'opposition), soit par l'union de la contradiction (Parole d'union). Les valeurs de la conjonction signifieront tout autant que celles de la disjonction le passage de l'inconscient au conscient. Si l'adulte avait été *gris* et le jeune *noir et blanc*, la disjonction aurait signifié la débilité, et la conjonction la force.

---

117 *Ibid.*, p. 70.

Dans la mesure où les hommes se seraient reconnus dans le faucon adulte, ils auraient valorisé la culture par l'intuition, tandis que les personnes âgées ou les femmes, qui auraient plutôt maîtrisé la Parole d'opposition, auraient eu à leur charge les opérations classificatoires. Les deux signifiants premiers, la disjonction et la conjonction, sont d'égale qualité et leur surdétermination par la nature paraît arbitraire.

Un grand mythe des origines, que nous rappelle Verónica Cereceda, semble bien confirmer cette thèse. Pour les Aymaras, le monde n'est pas "né d'un coup", à partir de rien. Pas de succession entre une nuit sans limite et un jour éblouissant. Il existe bien un monde antérieur à celui qu'inonde la lumière, mais qui n'est pas la nuit obscure ou le chaos. Il est une pénombre sans contraste, sans nuit et sans lumière. Et dans ce monde-là, il y a déjà des êtres, les *ch'ullpa*, mais incultes. Selon Verónica Cereceda, avec le soleil émerge donc un monde tout à fait contrasté du jour et de la nuit, des distinctions, des classifications, des animaux et plantes domestiqués, "cultivés" donc. Cependant, l'ancien monde ne disparaîtrait pas, il se perpétuerait avec certaines plantes et animaux. Les plantes et animaux sauvages, qui ressemblent aux plantes et animaux domestiques, sont les témoins de ce temps "d'autrefois" mais toujours actuel. On les appelle *k'ita*.

L'ancien monde n'est donc pas révolu, il coexiste aujourd'hui avec le nouveau. Mais comme ces deux mondes sont des *contraires* non corrélés, ils ne peuvent que s'exclure, de sorte que l'un ne peut être dit qu'antécédent par rapport à l'autre, ou encore *caché*, souterrain par exemple. *Mais il est tout aussi réel et actuel* !

Peut-être tout n'est-il pas encore dit ? Le monde souterrain actuel est-il identique à ce qui précéda l'émergence du soleil ? Peut-on assimiler ce que les Aymaras appellent *k'ita* à ce qu'ils appellent *ch'ullpa* ? L'univers *k'ita* n'aurait-il pas lui-même émergé comme celui de la nuit et du jour d'un troisième système où la nuit et le jour et la pénombre auraient été *unis* par le contradictoire ?

Verónica Cereceda se demande :

« Quelles sont les valeurs attribuées à l'époque de la pénombre et à tout ce qui se rapporte socialement et humainement à elle ? »[118].

C'est sur le terme *"k'ita"* que porte son analyse : lorsqu'il s'agit de personnes, *k'ita* signifie marginal (comme peut l'être un esclave qui s'enfuit dans la nature et retrouve une liberté sauvage), c'est-à-dire dans une situation dédifférenciée mais toutefois d'indépendance. Lorsqu'il s'agit de groupes humains, ces valeurs ne sont pas seulement négatives :

« Aux yeux des Aymaras d'aujourd'hui, les Uru et les Chipaya, considérés comme les survivants de l'humanité antérieure, possèdent un pouvoir supérieur sur le monde du sacré. Pour les Aymaras d'Isluga, les Chipaya, qui sont voisins juste de l'autre côté de la saline de Coipasa, possèdent un grand prestige comme prêtres et médecins, et quand les problèmes ne peuvent pas être résolus au niveau des pratiques locales, on recourt aux spécialistes chipaya.(...) Si les populations de langue aymara paraissent s'être arrogé – mythiquement – le domaine politique et technique, elles paraissent avoir concédé, néanmoins, aux populations "k'ita", une plus grande maîtrise du surnaturel »[119].

L'opposition – la disjonction –, qui est l'apanage des Aymaras, est ici associée à la compétence politique, technique ; l'union – la conjonction –, à la compétence religieuse des Chipaya ou des Uru.

L'analogie entre le mythe et l'oiseau se trouve confirmée par cette jolie transition :

« Le "suwamari" lui-même, l'oiseau jeune, par sa couleur indéfinie, représente symboliquement un "k'ita" et, comme tel, il a aussi des pouvoirs de médiation : ses plumes sont utilisées par les Chuani pour des cérémonies appelées "mesa qollu", qui se réalisent pour les forces

---

118 *Ibid.*, p. 78.
119 *Ibid.*, p. 80.

souterraines, et à l'inverse des cérémonies normales : c'est-à-dire, avec de la laine noire et non pas blanche, de brebis et non de lama. »[120].

LES PHONÈMES DE LA *TALEGA*

Verónica Cereceda s'intéresse à présent aux dessins des *talegas*[121]. Les *talegas* sont des sacs destinés au transport des semences et des offrandes rituelles, à la conservation des aliments, au transport des vivres dans les voyages des vivants ou des morts. De tels sacs sont tissés par les femmes, en laine de lama, et depuis des temps très anciens (plus d'un millénaire) colorés de la même manière en bandes verticales noires et blanches ou du moins fortement contrastées. Le sac est un carré obtenu d'un rectangle plié et cousu. Les coutures sont extérieures, de sorte que le carré à l'intérieur du sac soit un carré parfait.

Or, un carré parfait s'inscrit dans un cercle. Verónica Cereceda note que cet intérieur est très important :
« "Quelle belle talega", s'exclama une fois un vieil homme (…), et il expliqua "ses coins sont égaux, ils sont tous reliés ensemble, qu'aucun ne va de son côté". Le carré du vieillard était donc presque un cercle : les quatre coins restent joints, aucun ne s'écarte, comme s'il existait un point concentrique qui les maintint réunis »[122].

Et du sac, on dit aussi qu'il est un animal. Le cercle est la projection d'une sphère, et la sphère est l'intérieur, le ventre de l'animal gravide qui engendre la vie.

---

120 *Ibid.*
121 Verónica Cereceda, « Sémiologie des tissus andins, les talegas d'*Isluga* », *Annales*, 33e année, n° 5-6, Paris, Armand Colin, 1978, pp. 1017-1035.
122 *Ibid.*, p. 1019. C'est une femme qui parle (mais pas aymara) pour dire ce que le vieil homme disait, en opposant donc le cercle au carré !

Voyons à présent le dessin du sac. Les bandes d'un côté du sac sont impaires, de sorte qu'une bande est centrale. Les autres bandes se retrouveront face à face de part et d'autre de la bande centrale. La bande impaire reçoit une attention spéciale : elle est rehaussée en couleur ou même d'une ornementation médiane, ou bien elle est colorée par une laine qui ne se retrouve dans aucune autre bande, ou encore, lorsque les bandes sont teintées, elle est *différenciée* des autres par des rayures dégradées sur ses bords. Ce dégradé s'appelle *k'isa*. Enfin, cette bande s'appelle la *"chhima"* qui se traduit par "cœur"… Parfois, cette bande centrale prend beaucoup d'importance et déborde sur les côtés du sac.

Soulignons immédiatement quelques-unes de ces connotations : le centre (la bande impaire) est à part des autres bandes puisqu'il a un traitement séparé. Il est semblable à un principe d'organisation : il est le *cœur* de l'animal qui reçoit le sang de tous les organes et les irrigue, le cœur où, pour les Andins, se noue la vie de l'être. C'est le cœur que l'on offre dans les sacrifices.

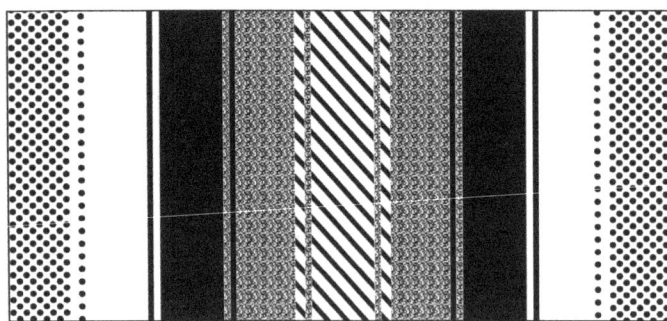

laqa   allqa   chhima   allqa   laqa

Disposition des bandes et des raies
(*Ibid.*, p. 1029)

96

Les bandes sur les côtés du sac sont dites *"laqa"*, la "bouche". Elles sont de couleur rouge ou marron mais jamais noire ou blanche, c'est-à-dire également neutres, moyennes, mélangées.

Les autres bandes du sac sont à présent face à face comme deux moitiés d'un système dualiste. Les femmes disent qu'elles sont le "corps" de la *talega* (le sac) comme les deux moitiés du corps humain ou d'un animal si on les repliait selon son axe longitudinal :

« *Les deux côtés sont symétriques, mais ils se trouvent disposés de telle façon qu'ils semblent s'opposer autour de l'axe vertical. Sin l'on plie le sac suivant ce dernier, les deux côtés s'affrontent comme si l'un regardait l'autre dans un miroir* »[123], précise Verónica Cereceda.

Entre la bande qui joue le rôle de bouche et celle qui constitue le cœur, se trouvent trois, quatre ou cinq bandes qui alternent des tons clairs et foncés. Parmi ces bandes de couleurs diverses qui forment le "corps" du sac, il en est une qui se détache de l'ensemble anonyme : c'est une bande noire.

« *Cet endroit noir du sac a lui aussi un nom : "allka"* (allqa sur le schéma ci-dessus), *qui dans sa première définition désigne le lieu de rencontre entre la plus intense lumière et l'obscurité la plus grande (rappelons qu'il s'agit de couleurs naturelles). Le noir est comme l'ombre de l'allka, tandis que le blanc (ou la couleur la plus claire dont dispose la tisserande) représente sa lumière* »[124].

D'après ce que nous savons d'"allka", cette bande ne se suffit donc pas à elle-même, elle est "allka" parce qu'elle est contrastée, qu'elle est corrélée à son contraire, à la lumière des bandes claires qui l'entourent.

« *Si nous parcourons du regard les exemples que nous avons cités, nous percevons que le dessin fondamental que reportent tous ces sacs, cette alternance des bandes entre le clair et l'obscur, n'est rien d'autre que le*

---

123 *Ibid.*, p. 1021.
124 *Ibid.*, p. 1024.

déploiement successif de diverses phases de l'allka ; autrement dit, les bandes alternées sont comme des allka mineures qui se meuvent entre les pôles de l'extrême lumière et de l'extrême obscurité. Bref, l'allka est comme le principe générateur du dessin des talegas »[125].

Voilà donc un second principe générateur, puisque le cœur en est un aussi. Il est difficile en voyant les bandes liées entre elles par leur opposition *ombre/lumière* de ne pas penser à l'opposition corrélative, au principe d'opposition de Lévi-Strauss, ou encore au *principium divisionis* de Jakobson. Et comment ne pas apercevoir dans le cœur, la *chhima,* que Cereceda appelle tout naturellement le centre, dans la sphère ou dans le cercle où s'inscrit le carré, le principe d'union ?

Roman Jakobson fait observer que dans une opposition corrélative entre phonèmes, le facteur de corrélation peut être lui-même isolé et qu'il peut jouer un rôle propre dit "neutre". Jakobson a créé pour lui le nom d'*archiphonème.* Le sac apparaît ainsi analogue à une structure linguistique élémentaire : la bande médiane, le cœur, peut être comparé à l'archiphonème, et les bandes contrastées, aux phonèmes corrélés. N'est-on pas confronté aux deux Paroles ? L'une d'opposition, contrastes corrélés, l'autre d'union, sphère, cercle, centre, milieu, ventre, cœur.

La pensée sort du cœur, des entrailles et se dessine sur la bouche. Ce qui nous rappelle cette description de Maurice Leenhardt dans son œuvre *Do Kamo* [126] :

« Celle-ci (la pensée) *procède des viscères, ensemble vibratile dont l'organe principal est le cœur, "we nena". (…) Il est cependant une expression plus employée aujourd'hui que "nena" pour désigner l'acte de penser, et c'est "nexaï" ou "nege". "Ne" est un préfixe collectif, "xaï" est une forme gutturale de "kaï", le panier de jonc, "ge" signifie le contenu*

---

125 *Ibid.,* p. 1025.
126 Maurice Leenhardt, *Do Kamo. La personne et le mythe dans le mode mélanésien*, Paris, Gallimard (1947), 1985.

d'un panier de richesses. Aux îles Loyalty, les termes loyalty "tenge", *"cenga" indiquent tous les contenants fibreux : viscères en sac, estomac,* *vessie, matrice, cœur et aussi fibres tressées d'un panier »*[127].

La *talega* est comme le panier des Kanaks. Comme lui, elle est panse, ventre, viscères sensibles, cœur. Le sac est animal parce que la parole sort des organes vibratiles, des sensations du corps, elle émerge de l'affectivité.

Et l'*"animal-sac", fusion émouvante entre le tissu et l'"être"* a besoin de sa bouche pour entrer en contact avec le monde et communiquer avec lui.

« Reste à nous demander pourquoi la bouche ? précise Cereceda, *pourquoi pas la tête, les yeux ? Plus que le regard profond que lui conféreraient les yeux, plus que l'intelligence que lui donnerait la tête, il semble que l'animal possède une capacité de "convoitise" ou de "dialogue". C'est-à-dire une capacité de recevoir, avec la nourriture, ou de donner, avec la parole. Ce sont des qualités que nous retrouverons en analysant l'usage et les fonctions des talegas dans la vie courante, plus particulièrement dans leurs rapports avec les aliments et les semences »*[128].

Comme le panier tressé de fibres contient les richesses, la *talega* contient les dons de toutes sortes. Elle reçoit la nourriture, disait Verónica Cereceda, mais aussi la donne, car si elle la garde au cellier, elle la porte aux champs sous forme de semences et d'offrandes à la terre…

Les premières paroles sont nées du cœur, de l'affectivité, par le don des semences ou de la nourriture. Le don des vivres est lui-même une parole, une parole silencieuse, la première parole des hommes. Le don est le premier médiateur de la vie spirituelle.

---

127 *Ibid.*, p. 48.
128 Cereceda, *op. cit.*, p. 1027.

Que veux-tu nous dire, ô sac ?

Aux deux bords du sac, on retrouve donc une bande particulière, la "bouche" :

« D'autre part, en dehors du centre (Cereceda appelle le "cœur" le centre), *c'est la seule bande qui peut subir une transformation interne. Elle reste toujours marron, mais en certains cas elle présente un dégradé vers la lisière grâce à des raies successives de plus en plus claires, jusqu'au beige et même au blanc, se diluant ainsi dans l'extrême clarté. (...) C'est à ce bord que le sac s'articule à l'extérieur "non tissé", et que se définit sa relation avec le monde »*[129].

Le cœur est au centre du tissage, la bouche à ses extrémités. Ce dégradé vers l'extérieur du monde non défini est ouverture ou appel, comme la frontière *kayabi* des Kashinawa[130]. Si le cœur est au centre du sac, la bouche est à la périphérie, ouverte sur l'Inconnu. Le principe d'union interdit le contraste, le passage avec le monde inconnu est progressif, il est un *dégradé*. Le cœur lui-même ne s'oppose pas au corps, il ne connaît pas l'opposition à l'intérieur de la totalité dont il est le centre et il communique sa dynamique de façon également dégradée.

Verónica Cereceda raconte :

« J'ai montré un jour une de ces talegas à une femme de Enquelga, et je lui ai demandé ce que signifiait le dégradé qui apparaissait au bout de sa bouche. Elle prit le sac dans ses mains, réfléchit un moment, et s'adressant à lui dit avec humour : "Kamsajtata, wayajja !". Elle-même traduisit : "Qu'est-ce que tu es en train de dire, ô sac !". Ainsi, la talega était définie. Au verbe "Kamsana" ("dire que", en aymara) la femme avait ajouté le suffixe -ta, qui indique un mouvement d'expansion vers l'extérieur. Le sac, donc, "ouvre sa bouche et parle", ou "étend son

---

129 *Ibid.*, pp. 1022-1023.
130 Cf. *supra*, chap. VI La coexistence des deux Paroles chez les *Huni Kuin*.

territoire", quand le marron du bord s'éclaire et se change en lumière »[131].
Magnifique observation ! Le sac "parle", et l'on ne peut à présent contester qu'il ne soit "sac de paroles" ! La *talega* est colorée par des phonèmes visuels. Elle est matrice de la pensée, des dons, et enfin de la parole. Les *talegas* sont des paniers de paroles, mais pas seulement des paniers remplis de paroles.

Qu'es-tu en train de dire, ô sac ?

« *De fait, l'espace des talegas est parfois "lu" comme un territoire. Tandis que les femmes parlent de corps et de cœur, les hommes, sans nier ce caractère corporel, ajoutent parfois leur propre version : "C'est arajj saya" (moitié d'en haut), "c'est manqha saya" (moitié d'en bas), disent-ils pour chaque côté du sac ; et ils précisent, montrant le centre (chhima) : "C'est là que nous nous réunissons tous, c'est le village d'Isluga"* »[132].

Les deux côtés du sac sont explicitement rapportés aux deux moitiés et aux quatre *ayllu*. Voilà l'organisation dualiste clairement évoquée : Parole d'opposition.

« *Certains hommes vont même jusqu'à dire que les bandes de chaque côté correspondent aux hameaux (estancias), et qu'il en faudrait au moins quatre de chaque côté* ».

Quatre de chaque côté, c'est-à-dire huit selon la formule parfaite de la Parole d'opposition pour définir une communauté de réciprocité de parenté..., comme celle des *Huni Kuin* d'Amazonie !

Mais le village d'Isluga n'appartient pas à l'une de ces moitiés, c'est le centre commun aux *ayllu* : la Parole d'union. Ainsi, au tout début de son article, Verónica Cereceda précisait :

« *La communauté conserve son organisation traditionnelle en deux*

---

131 Cereceda, *op. cit.*, p. 1023.
132 *Ibid.*, p. 1028.

moitiés, celle du haut (arajj saya) et celle du bas (manqha saya), chacune représentée par un cacique (mallku) choisi annuellement. Les deux moitiés s'articulent autour du village central, Isluga, et jusqu'à une date récente quatre oratoires se trouvaient disposés autour de l'église, correspondants aux anciens ayllu »[133].

L'église s'est fixée au centre car là se trouve le lieu prédestiné de la parole religieuse. Il y a un lien entre la Parole d'union, devenue principe d'organisation sociale (*Isluga*), village central (*"où nous nous réunissons tous"*), et la fonction religieuse. *Isluga*, c'est le lieu du rituel communautaire qui rassemble les quatre *ayllu* où convergent et communient toutes les forces des hommes ; c'est aussi le centre de la fête, c'est-à-dire un centre de redistribution collective et de partage. *Isluga* est le nom de l'organisation moniste.

« Les femmes écoutent en silence l'explication de leurs maris, et n'en continuent pas moins à parler de "corps" et de "cœur" ».

Et l'auteur de faire référence à la conception inca d'assimiler un lieu ou un territoire à un animal : *« On dit que la cité de Cuzco avait la forme d'un puma dont la tête se trouverait à Saqsawaman »*[134].

« Qui a raison ? s'interroge Cereceda, Le tissu constitue le langage spécifique des femmes, de sorte que les sacs sont par essence un corps et un cœur. Mais il n'est pas impossible qu'elles se réfèrent aussi à des structures homologues du territoire ou de l'organisation sociale, et que la traduction soit licite ».

Les femmes préfèrent insister sur la fécondité, la génération, la genèse, plutôt que sur l'organisation politique. Les *talegas* servent au transport des semences de la pomme de terre et de la quinoa, des offrandes dans les rituels qui précèdent les semailles, et dans les usages quotidiens à l'emmagasinage des vivres.

---

133 *Ibid.*, p. 1017.
134 *Ibid.*, pp. 1028-1029.

« *Cette fonction se trouve en rapport étroit avec les formes du dessin, et notamment le symbole "tayka-qallu", qui semble signifier "descendance" pour la graine, et "multiplication" pour la nourriture »*[135].

Qui a raison ?

Mais si les Aymaras ont reconnu les *deux Paroles*, peuvent-ils ne pas les dire toutes les deux ? Et les hommes ne voient-ils pas dans le sac le symbole de l'organisation de la cité, les femmes la genèse de la communauté ?

Qu'est-ce qui dans le sac peut donner vie à la fois au cœur, Parole d'union, et aux moitiés du corps, Parole d'opposition ; qu'y a-t-il dans la *talega* qui puisse se manifester avec autant de force par l'union que par l'opposition ? Qu'y a-t-il dans le sac pour contenir l'un et l'autre de ces contraires ? Quelle est la source invisible de ces deux Paroles au principe de la *talega* ? Quel est donc son secret, son mystère ?

Que nous dis-tu encore, ô sac !

Laissons parler Verónica Cereceda :

« *La "chhima" est un lieu à la fois de rencontre et de division des deux côtés ; il joue un rôle double, ambivalent : il sépare, il crée deux parties, et en même temps, il les relie et constitue le "territoire" commun qu'elles partagent »*[136].

Il unit : il conjoint, mais il sépare ; il redouble le mouvement de convergence en sens inverse en distribuant l'union de façon progressive. Il est bien ambivalent puisque d'une part il réunit les contraires, mais d'autre part il promeut

---

135 *Ibid.*, p. 1033.
136 *Ibid.*, p. 1020.

cette union en la différenciant dans toutes les directions. Cette bande centrale peut s'étendre en effet jusque sur la moitié du sac. À ses limites, il n'y a pas de contraste mais au contraire un dégradé, une progression continue vers l'indéfini. Curieusement, le centre n'est pas seulement un mouvement d'union, il est aussi un mouvement d'ouverture. Et cela est vrai autant du cœur que de la bouche, les deux expressions de cette Parole d'union que l'on peut tracer géométriquement par un centre et un cercle périphérique. La Parole d'union est donc elle-même contradictoire ou plutôt elle recrée aussitôt du *contradictoire.*

Mais en est-il de même de la Parole d'opposition ?

Chaque bande, dit Verónica Cereceda, est appelée *"chhuru"* dont la signification, selon un vieil interprète, est "mère", et est interrompue sur chacun de ses côtés par une rayure de la couleur de la bande adjacente qui s'appelle *"qallu"*, qui veut dire : "petit de l'animal".

« *Les "qallus" sont donc les fils ou les filles des "chhurus"* ».

Grâce aux *"qallus"* : « *Chaque chhuru se trouve dans l'autre, le marron dans le blanc, le blanc dans le marron, et les qallus constituent le lien qui empêche les chhurus de se séparer. Les bandes ont engendré et échangé des "petits"* », poursuit Verónica Cereceda[137].

---

137 *Ibid.,* pp. 1031-1032.

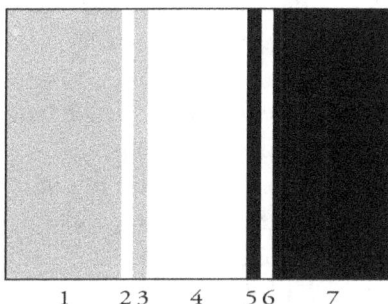

1. *chhuru* (café)
2. *qallu* (blanc)
3. *qallu* (café)
4. *chhuru* (blanc)
5. *qallu* (noir)
6. *qallu* (blanc)
7. *chhuru* (noir)

L'alternance de *chhurus* et de *qallus*
(Schéma V. Cereceda, p. 1031)

Les *quallus* ne sont pas seulement comme des "petits" des animaux mais peut-être comme des "enfants" dans un système de parenté... Ce qui nous rappelle la réciprocité selon Lévi-Strauss ou Sahlins qui n'est pas une symétrie univoque mais immédiatement double puisqu'elle distribue du soi à l'autre et de l'autre à soi. Ce que Verónica Cereceda dit de la même façon :

« Chaque pôle offre à l'autre une partie de lui-même, et réciproquement. L'équilibre est atteint par l'échange des différences »[138].

Ces "petits" nous rappellent aussi la rencontre entre deux bandes nomades de Nambikwara selon Lévi-Strauss. Lorsque de telles rencontres ont une issue heureuse, les Nambikwara décident de s'appeler mutuellement "beaux-frères".

« Or, étant donné le système matrimonial des Nambikwara, cette innovation a pour conséquence immédiate que tous les enfants d'un groupe deviennent les conjoints potentiels des enfants de l'autre groupe, et réciproquement »[139].

---

138 *Ibid.*, p. 1032.
139 Lévi-Strauss, *Les structures élémentaires de la parenté, op. cit.*, p. 79.

Les rayures donnent donc naissance à une réciprocité qui ressemble fort à cette réciprocité de parenté des Nambikwara. « *Ainsi les bandes paraissent entrelacées par l'intermédiaire de leurs "petits", comme les conjoints d'un mariage* ».

On ne sait plus qui parle, Lévi-Strauss des bandes de Nambikwara du Brésil ou Cereceda des *talegas* d'Isluga.

S'il y a de l'autre en soi et du soi dans l'autre (du noir dans le blanc et du blanc dans le noir), alors, mentalement se reconstitue du... *contradictoire*. Verónica Cereceda l'a vu, qui appelle *lien* la résultante de cette réplication de l'autre en soi. Le principe d'opposition est par cette réplique *redoublé* ; et ce redoublement lui-même est une forme d'union qui va rétablir du *contradictoire*.

Les "phonèmes visuels" ne servent pas seulement à séparer et désigner de façon classificatoire, ils se constituent comme le *je* contenant le *tu*, et le *tu* le *je* (Le noir, le blanc et le blanc, le noir). Ils sont des paroles qui ne répondent pas seulement au principe d'opposition mais à la fonction contradictorielle. Ils ne désignent pas seulement par la fonction symbolique, ils engendrent du sens par cette fonction du contradictoire qui n'est autre que la réactualisation du principe de réciprocité à l'intérieur du langage. Ces termes colorés ne désignent pas seulement, ils parlent, ils créent de la signification.

Puisque le principe d'opposition divise, la fonction contradictorielle rétablit de l'unité, et le système qui était ouvert se referme. Puisque le principe d'union rassemble, la fonction contradictorielle rétablit la division, et le système qui se fermait s'ouvre. Le langage commence par d'étranges paradoxes.

La *talega* est genèse : l'homme naît de la nature, construit la communauté par la réciprocité de parenté, puis par les dons. L'homme parle avec les deux Paroles, la Parole d'opposition *allqa,* et la Parole d'union *k'ita* ou *k'isa*. La *talega* raconte comment la femme est à l'origine du don de la vie, du don des vivres, de la réciprocité, de l'alliance et des dons ; comment les hommes ont bâti la cité et gouverné la nature en nommant et classant les choses et les gens. La parole engendre des petits vis-à-vis d'elle-même et s'ouvre sur le monde au-delà d'elle-même : La *talega*... la *talega* parle et étend son territoire, la *talega* est verbe !

LA COEXISTENCE DES DEUX PAROLES

CHEZ LES YAMPARAS

Nous ne pouvons pas abandonner Verónica Cereceda sans faire allusion à ses toutes nouvelles découvertes. Dans son étude sur les textiles, elle fait apparaître une opposition entre deux groupes de communautés de part et d'autre de la ville de Sucre, en Bolivie[140] :

« Ce système d'oppositions permet ces quelques conclusions :
- Les deux styles ont sélectionné, pour se définir, un ensemble de catégories communes (entre mille autres possibles). Mais à l'intérieur de ces catégories, ils ont pris des positions contraires ou contradictoires.
- La différence qui s'établit entre les deux styles est, par conséquent, de nature structurale (les oppositions forment une structure à l'intérieur des catégories).
- La différence est consciente. Elle a été recherchée. Si l'un est ordonné, l'autre est chaotique, etc. (...) ».

---

140 Cereceda Verónica, Dávalos Jhonny & Jaime Mejía, *Una diferencia, un sentido : los diseños de los textiles Tarabuco y Jalq'a*, Sucre, ASUR, Antropólogos del Surandino, Bolivia, 1993, p. 31.

Motifs *tarabuco*

Le style *tarabuco* est *segmenté, discontinu*, avec des contours *nets*, marqué par *l'ordre et la symétrie*, il est *lumineux, clair*, et la perception nette et *contrastée*.

Motifs *jalq'a*

Le style *jalq'a* est *fluide, continu*, aux *contours brisés, désordonné*, c'est un *chaos*, sans lumière ou contraste, il est obscur et de perception *confuse*.

Quant au contenu, les deux communautés ont certainement le même. Leur objectif est de rendre compte des valeurs les plus fondamentales par lesquelles elles s'affirment l'une et l'autre comme humaines, mais la forme par laquelle elles témoignent de ces valeurs, confère aussi à ces valeurs un destin propre. L'être qui se déploie dans l'union est peut-être différent de celui qui s'épanouit par l'opposition alors qu'il est à l'origine le même.

Qu'il soit le même à l'origine, Cereceda le suggère puisque les deux communautés sont nées de la même communauté yampara :

« Les Yamparas firent don d'une partie de leurs terres à la couronne espagnole pour que, au milieu du XVIe siècle, se fonde là une ville, (…) aujourd'hui Sucre. (…) Vers l'Est et le Sud-Est, les terres yampara de la moitié d'en bas, avec sa tête située dans le village de Yotala ; les terres de la moitié d'en haut, situées à l'ouest et au nord-ouest, avec sa tête dans le village de Quila Quila »[141].

Or, au cours de l'histoire coloniale, les deux moitiés se séparent et, à travers des processus encore inconnus, deviennent indépendantes. Chaque moitié se convertit en substrat d'une nouvelle identité. Cette identité peut-elle assumer ce qui était partagé dans le face-à-face des deux moitiés ? Certes ! mais à la condition que chacune des deux moitiés retrouve un équilibre aussi fondateur que celui du face-à-face initial.

Le monde *tarabuco*, dit l'auteur, devient celui de la *lumière*, du *soleil*, de la *nature organisée*, des *animaux nommés et répertoriés, classés*, des êtres humains *actifs* et dont l'action est définie, des objets culturels répertoriés ; tandis que le monde *jalq'a* est un

---

141 *Ibid.*, p. 7.

monde *sans lumière ni soleil*, le monde de la pénombre où les végétaux et les animaux sont *indistincts*, les êtres humains *statiques*, sans définitions précises, où *il n'y a pas d'objets* et rien qui ne soit spécifié comme précisément humain.

Verónica Cereceda oppose les deux mondes :

« *Le monde social et environnemental de l'homme contre le monde asocial et environnemental de Dieu* ».

La forme d'une parole classificatoire née du principe d'opposition *versus* la forme d'une parole religieuse. Parti de la *talega*, sac des deux Paroles, l'art du textile bolivien nous livre deux genèses, l'une par la Parole d'opposition, l'autre par la Parole d'union.

« *Quel que soit son destin, les textiles sont là : belles créations de l'esprit, véritables livres d'une pensée indigène vivante* ».

Or, si les deux communautés n'ont plus de relations mutuelles, elles ne s'ignorent pas. Elles sont deux totalités humaines qui se distinguent l'une de l'autre et renchérissent chacune leur propre recherche de l'humain dans une direction contraire à celle de l'autre. Elles sont deux humanités.

Ces observations indiquent, puisque ces épanouissements de l'être humain sont synchrones avec le développement de la société occidentalisée en Bolivie, que l'évolution humaine n'est pas linéaire, qu'il n'existe pas de stades évolutifs antérieurs et plus primitifs que d'autres. Elles indiquent que la recherche d'humanité se déploie de plusieurs façons qui toutes peuvent prétendre à la vérité sans pouvoir, puisque contraires, se réduire les unes aux autres. L'universel est pluriel !

Mais à quelle condition ? Ces deux mondes contraires et égaux nouent-ils des relations nouvelles qui ne sauraient reproduire celles du monde yampara puisque chacun est à soi seul un nouveau monde ? Et ces relations, si elles existent, signifient-elles une nouvelle opposition ou au contraire tendent-elles vers une synthèse ?

Verónica Cereceda s'est posé ces questions difficiles.

« *Perdue la mémoire du passé yampara, quelles relations jalq'as et tarabucos établissent-ils aujourd'hui ? Nous n'interrogeons pas ici les relations d'échange économique, de mariage ou autres, pratiquement inexistantes entre les deux groupes. Nous interrogeons les relations (de type intellectuel et spirituel) qui pourraient être présentes dans les traits qui définissent chaque groupe (tout cela que les paysans appellent "culturanchej" – "notre culture" – et qui se réfère spécialement au tissage mais aussi à d'autres manifestations culturelles comme la musique, les rituels, etc.). Ces langages différentiels sont-ils indépendants ou se regardent-ils et s'écoutent-ils les uns les autres ? Établissent-ils un dialogue entre eux ?* »[142].

Comment des contraires qui ne sont pas corrélés mais qui chacun en son sein nourrit un équilibre contradictoire peuvent-ils se confronter ? Nous sommes là aux frontières de la recherche...

LA COEXISTENCE DES DEUX PRINCIPES MONISTE ET DUALISTE CHEZ LES CARANGAS DE BOLIVIE

Il est possible de dire que la Parole d'union et le principe moniste sont très fréquemment associés (sinon toujours) à la Parole d'opposition et au principe dualiste. Des organisations sociales dont on faisait les expressions les plus typiques du dualisme comme les organisations amérindiennes se révèlent en fait coutumières de l'une comme de l'autre Parole, de l'un comme de l'autre principe.

---

142 *Ibid.*, p. 10.

Dans son étude de l'ethnie *Caranga* des hauts-plateaux boliviens, Gilles Rivière[143], par exemple, rapporte des observations qui montrent que la Parole d'union et le principe moniste ont une importance égale à la Parole d'opposition et au principe dualiste.

« *Toutes les communautés carangas*, écrit-il, *sont formées de deux moitiés ou "saya" ("parcialidades" en espagnol) généralement dénommées Aransaya ou "moitié du haut" et Urinsaya ou "moitié du bas". Chaque moitié est divisée en "ayllu", unités sociales et géographiques…* »[144].

Qu'il s'agisse d'une organisation systématiquement dualiste ressort de façon spectaculaire de l'emboîtement des différents niveaux communautaires.

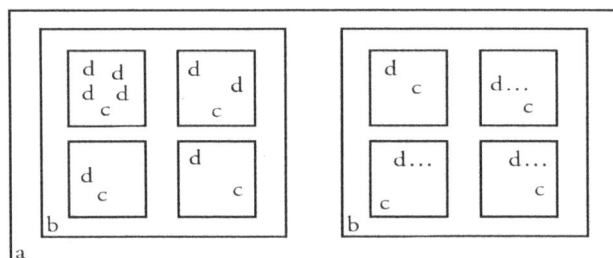

a) Communauté
b) Moitiés (sayas)
c) Ayllus (ici huit)
d) Estancias (quantité variable)

Emboîtement des différents niveaux communautaires.
(Schéma G. Rivière, p. 45)

Et pourtant, cette belle organisation systématique n'est pas homogène :

---

143 Gilles Rivière, « Quadripartition et idéologie dans les communautés aymaras de Carangas » (Bolivie), *Bulletin de l'Institut Français des Etudes Andines*, 1983, XII, n° 3-4, Lima, pp. 41-62.
144 *Ibid.*, p. 44.

« *Le village,* écrit Gilles Rivière, *ou "marka" est le centre administratif de toute communauté et le lieu de résidence secondaire des familles originaires des différentes "estancias" qui y possèdent généralement une maison. Ces familles y résident lorsque des démarches sont nécessaires auprès des autorités, lors des foires, des assemblées communautaires ("parlamentos"), etc. Mais la "marka" est également le centre cérémoniel. C'est là que se déroulent les fêtes communes aux quatre ayllu. Elle abrite les lieux sacrés où tous les ans ceux-ci se réunissent pour assurer collectivement ou successivement ("por turno") des rituels au bénéfice de la communauté. La "marka" peut donc être définie comme un espace commun fondamental et cela quelle que soit sa situation dans l'espace géographique...* »[145].

Centre de toute la communauté... *foires, assemblées communautaires, centre cérémoniel, fêtes communes aux quatre "ayllu"...* il existe donc un principe organisateur qui signifie l'union et non l'opposition, la conjonction et non la disjonction. *Cérémoniel, sacré...* manifestement, ce principe de conjonction est aussi religieux. L'organisation dualiste est donc doublée d'une organisation moniste qui mériterait le schéma suivant :

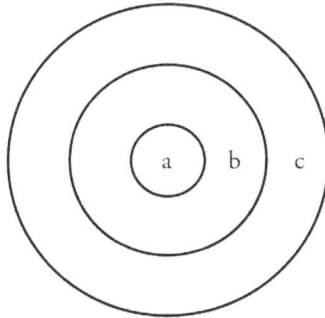

a : église, b : place centrale, c : *marka.*
(Schéma D. Temple)

---

145 *Ibid.,* pp. 46-47.

Il y a surimposition d'une structure dite *quadripartite* par Gilles Rivière et d'une structure *concentrique*.

Mais voici cette double organisation dans la vie communautaire :

« *Certains grands rituels communautaires sont organisés ou présidés par les huit autorités traditionnelles, quatre "alcaldes" et quatre "jilakata". Chaque ayllu est dirigé par un alcalde, qui exerce sa fonction de janvier à juin, et un jilakata de juillet à décembre. Bien que les deux "autorités" aient la même fonction, le premier est considéré comme supérieur au second dans l'ordre des préséances. Cette hiérarchie implicite apparaît dans la manière dont ils se placent sur un banc légèrement courbe dont l'apex, qui est aussi le centre ou "taypi" est occupé par le "cacique", chef des huit autorités, également désigné pour une année. Deux alcades sont assis immédiatement à droite du cacique, et les deux autres immédiatement à gauche. Deux jilakata sont assis à droite des alcaldes de droite et les deux autres à gauche des alcades de gauche...* »[146].

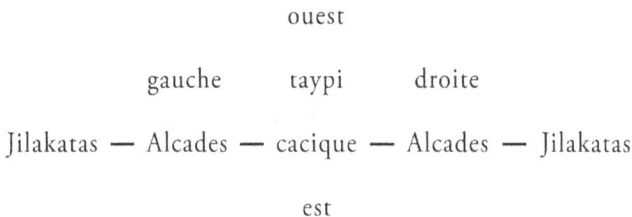

ouest

gauche   taypi   droite

Jilakatas — Alcades — cacique — Alcades — Jilakatas

est

(Schéma D. Temple)

Il y a donc neuf autorités numériques. Si l'on veut sauver la structure dualiste, il faut admettre que ce nombre se décompose en huit et un. L'"un" doit alors représenter un autre principe. Effectivement, cet "un" n'est pas analogue aux

---

146 *Ibid.*, p. 49.

autres. Il est le centre, il est le *cacique*, il est le chef de la totalité qui exerce une autorité différente de celle des *alcades* et des *jilakata*.

Il existe donc bien deux systèmes superposés l'un à l'autre, un système dualiste, qui opposait déjà au niveau inférieur l'*alcade* au *jilakata*, et qui oppose quatre *ayllu* deux à deux. Entre eux, il n'y a pas seulement un axe virtuel mais un principe organisateur nouveau, un centre de symétrie qui unit les différences et les oppositions ou les conjoint dans la communion. Ce deuxième système obéit au principe moniste. Il est représenté par le *cacique*. Dans le cas de l'*ayllu*, ce principe apparaît dans le fait que chacun des alcades et *jilakata* exerce les prérogatives communautaires unitaires, *por turno*, chacun à son tour.

Mais voici à présent un rituel qui fait intervenir les deux Paroles expressément, toujours décrit par Gilles Rivière :

« *Au début de ce mois* (janvier) *les autorités entrantes doivent parcourir leur "ayllu" respectif, reconnaître les bornes ("mojones") qui le délimitent et visiter les "estancias" qui le composent. Cette "vuelta" leur permet d'affirmer leur pouvoir et leur contrôle – désormais plus symboliques que réels – sur la population dont ils seront, pendant une année et à tour de rôle, les chefs ou plus exactement les "bergers" ("awatiri"). À leur retour, accompagnés de leur épouse et du cacique, les huit "autorités" montent au sommet du Cerro Pumiri et se réunissent autour d'une "mesa" appelée "Pusi Suyu", microcosme et lieu d'origine qui signifie les "quatre quartiers" ou "ayllu", mais aussi, en aymara ancien, "univers". (…) Au cours de la fête, à forte charge émotive, qui dure toute la journée, les participants proclament à maintes reprises : "Viva Aransaya, viva Urinsaya, viva los cuatro ayllu de Sabaya" et, plus significativement, "taqe ayllu munasiñani", "puspach ayllu munasiñani", ce qui peut être traduit par : "les quatre ayllu aimons-nous, respectons-nous, faisons la paix". (…) "Puspach" peut être décomposé en "pusi", quatre, et "pacha", suffixe qui en aymara indique la totalité (et qui associé à d'autres termes exprime et confond l'espace et le temps)* »[147].

On ne peut mieux dire que les Aymaras de Sabaya qu'il existe deux Paroles pour exprimer l'humanité d'une communauté. Voici, en effet, un terme qui superpose deux éléments contraires : le premier élément – *pusi* – signifie l'opposition, et le second – *pacha* – l'union. Le premier évoque l'origine du principe dualiste, le second celle du principe moniste. Même dans les sociétés qui illustrent de façon exacerbée le principe dualiste, on retrouve la Parole d'union.

Lorsque Tristan Platt étudie la quadripartition chez les Macha de Bolivie, il part, on l'a vu, d'une surdétermination écologique des moitiés *puna* et *vallée* qui étale l'organisation dualiste jusqu'à découper la montagne en deux moitiés verticales et deux moitiés horizontales. Or, il y a aussi, dit-il, une région intermédiaire, la *chawpirana* "région du milieu" :

« Mais si cette discontinuité est floue dans la nature, elle se précise conceptuellement à travers un ensemble de croyances, de telle sorte qu'elle se convertit en un principe régulateur d'organisation sociale »[148].

Tristan Platt observe qu'il faut partir de ce principe régulateur plutôt que d'une détermination écologique :

« Des règles culturelles doivent intervenir pour parfaire une discontinuité que la nature ne fait que suggérer, afin de l'instituer comme principe d'organisation sociale ».

---

147 *Ibid.*, pp. 55-57.
148 Tristan Platt, « Symétries en miroir : le concept de *Yanantin* chez les Macha de Bolivie », *op. cit.*, p. 1085 (chap. II La Parole d'opposition et le principe dualiste.)

ADDENDUM

Verónica Cereceda notait que les relations de parenté et les relations économiques avaient disparu entre *Jalq'a* et *Tarabuco*, et elle concluait par cette question : puisque chaque société poursuit sa route selon une direction opposée, comment peuvent-elles se rencontrer ; dit autrement, comment chacune peut-elle ne pas s'aliéner dans son imaginaire.

Les travaux de Rosalía Martínez[149] ont depuis lors montré que la musique des *Jalq'a* et la musique des *Tarabuco* obéissent à la même logique que leurs tissages.

« *Le parallélisme qui existe entre musique et tissage apparaît clairement à l'occasion de certains rituels consistant à aller chercher l'inspiration à des endroits comme l'Ariwaqa (…), où se manifeste le "saxra", la divinité liée à la création. L'Ariwaqa est un massif rocheux, et les femmes viennent dormir la nuit sur un de ses versants pour apprendre à tisser, tandis que les hommes rêvent les mélodies données par le "saxra"* »[150].

Les sensations visuelles, tactiles et auditives mobilisées par l'art de ces communautés seraient donc autant de *phonèmes affectifs,* que les deux Paroles mobilisent pour irriguer de *sens* le travail des champs, la conduite du bétail, les récoltes, les naissances, les mariages, les charges communautaires, les compétitions sportives, l'initiation, la scolarité, la célébration des défunts, l'hospitalité, tout ce qui peut être instruit par la fête ou le rituel.

---

149 Rosalía Martínez, *Musique du désordre, musique de l'ordre, le calendrier musical chez les Jalq'a (Bolivie),* Thèse de Doctorat en Ethnologie, 1994, Paris X, Nanterre.
150 *Ibid.,* p. 19.

Les observations de Rosalía Martínez permettent alors de suggérer que chacune de ces communautés recrée l'antagonisme au cœur du dessin, de la musique, de la danse, du théâtre et de la langue, en redoublant la Parole d'opposition par la Parole d'union, et la Parole d'union par la Parole d'opposition ; c'est-à-dire par la *conjonction contradictorielle* de la Parole d'union et de la Parole d'opposition... un champ du contradictoire encore inexploré.

VIII

Le dualisme concentrique est-il une forme de passage entre l'échange généralisé et l'échange restreint ou la superposition des deux principes moniste et dualiste ?

Pour Lévi-Strauss, la réciprocité n'a pas d'origine sociale, elle est une donnée psychologique. Si la notion de réciprocité est innée, pourquoi imaginerait-on que les *structures ternaires* sont dérivées de *structures binaires* ? La réciprocité ne doit-elle pas être immédiatement généralisée ?

Lévi-Strauss contestera donc l'existence d'organisations dualistes vraies :

« Le principe fondamental de mon livre Les Structures élémentaires de la parenté (I) consistait en une distinction entre deux types de réciprocité auxquels j'avais donné le nom d'échange restreint et d'échange généralisé, le premier possible seulement entre des groupes de raison 2, le second compatible avec n'importe quel nombre de groupes. Cette distinction m'apparaît aujourd'hui naïve, parce que trop proche encore des représentations indigènes. D'un point de vue logique, il est plus raisonnable, et plus économique à la fois, de traiter l'échange restreint comme un cas particulier de l'échange généralisé »[151].

Et de proposer cette hypothèse :

« Le dualisme concentrique est lui-même un médiateur entre le dualisme diamétral et le triadisme, et c'est par son intermédiaire que le passage d'une forme à l'autre se fait. (...) Pour parler plus exactement,

---

151 Claude Lévi-Strauss, Anthropologie structurale I, *op. cit.*, p. 167.

tout effort pour passer de la triade asymétrique à la dyade symétrique suppose le dualisme concentrique qui est dyadique comme l'un, mais asymétrique comme l'autre »[152].

Nous adoptons immédiatement l'idée que des organisations sociales ne soient jamais des organisations dualistes pures et dures. Pourquoi une société serait-elle tributaire d'un seul principe d'organisation dualiste, si *Parole d'union* et *Parole d'opposition* sont logiquement données simultanément ?

Cependant, si la structure dite concentrique, expression du principe moniste, est souvent sinon toujours associée aux structures diamétrales, la structure dite du "dualisme concentrique" qui en résulte ne nous paraît pas pour autant signifier un terme de passage entre la structure triadique proprement dite et le dualisme. Lévi-Strauss lui-même a bien mis en évidence la coexistence de la structure diamétrale et concentrique dans son étude "Les organisations dualistes existent-elles ?"[153].

Il décrit ainsi le village des Bororo au Brésil :

« Au centre, la maison des hommes, demeure des célibataires, lieu de réunion des hommes mariés et strictement interdite aux femmes. Tout autour, une vaste friche circulaire ; au milieu, la place de danse, adjacente à la maison des hommes. C'est une aire de terre battue, libre de végétation, circonscrite par des piquets. À travers la broussaille qui couvre le reste, des petits sentiers conduisent aux huttes familiales du pourtour, distribuées en cercle à la limite de la forêt. Ces huttes sont habitées par des couples mariés et leurs enfants. La filiation est matrilinéaire, la résidence matrilocale. L'opposition entre centre et périphérie est donc aussi celle des hommes (propriétaires de la maison collective) et des femmes, propriétaires des huttes familiales du pourtour. Nous sommes en présence d'une structure concentrique, pleinement consciente à la pensée indigène, où le rapport entre le centre et la périphérie exprime deux oppositions, celle entre

---

152 *Ibid.*, pp. 167-168.
153 *Ibid.*, chapitre 8, pp. 147-180.

120

mâle et femelle, comme on vient de le voir, et une autre entre sacré et profane : l'ensemble central, formé par la maison des hommes et la place de danse, sert de théâtre à la vie cérémonielle tandis que la périphérie est réservée aux activités domestiques des femmes, exclues par nature des mystères de la religion »[154].

Lévi-Strauss souligne une première opposition entre *profane* et *sacré*, et une seconde entre *mâle* et *femelle*. Le sacré est manifestement tout ce qui est humain, le profane se réduit à rien d'humain : progressivement, par les petits sentiers rayonnants du centre vers la périphérie, on va vers la forêt, vers la nature, c'est-à-dire vers le Rien.

Cette figure concentrique n'est pas réductible à une opposition corrélative. Le Tout et le Rien est un faux dualisme car tout est dans le Tout et il n'y a pas de contenu sémantique dans le Rien.

Notons encore le nom d'homme, *Bororo*, qui désigne aussi le centre, la place de danse *"où l'unité de la communauté se reconstitue"*. La parole d'union prétend bien dire ce qui est l'humain.

Lévi-Strauss poursuit :

« Chez les Bororo, le centre sacré du village se compose de trois parties : la maison des hommes, dont une moitié relève des Cera et l'autre des Tugaré, puisqu'elle est recoupée par l'axe est-ouest (ce qu'attestent les noms respectifs des deux portes opposées) ; et le Boróro ou place de danse, sur le flanc est de la maison des hommes, où l'unité du village se reconstitue. Or c'est là, presque mot pour mot, la description du temple balinais avec ses deux cours intérieures et sa cour extérieure symbolisant, les deux premières une dichotomie générale de l'univers et la troisième, la médiation entre ces termes antagonistes »[155].

---

154 *Ibid.*, pp. 156-157.
155 *Ibid.*, p. 163.

La maison des hommes, comme son nom l'indique avant que Lévi-Strauss n'ait reconnu le *principe de maison*, est un lieu de "réunion" d'hommes célibataires qui ne participent pas d'une relation matrimoniale ou qui s'en dégagent momentanément. La place centrale est encore plus marquée par l'unité de la conjonction que la maison elle-même puisque les deux éléments réunis dans la maison des hommes sont ici confondus. Ce lieu n'est pas seulement homogène, un lieu seulement commun, il est aussi celui de la "contradiction", la place de la *"médiation entre termes antagonistes"*, et même celui de la religion. Le centre, la place de danse, concentre toute la réalité de ce dont la dualité, expression de la différenciation, peut aussi rendre compte, il focalise cette réalité dans l'unité.

On peut cependant argumenter que le profane n'est pas "rien" en face du "religieux" qui serait "tout" puisque dans le profane il faut tout de même mettre les huttes où les femmes vivent avec leurs enfants... Mais cette difficulté se dissipe dans l'analyse du second dualisme envisagé par Lévi-Strauss, le dualisme des sexes, masculin au centre, féminin à l'extérieur.

Nous avons vu que la Parole d'union était fréquemment confiée à un élément anormal, asocial ou marginal (Nous avons eu un exemple de cette marginalisation à un niveau sociologique avec la relégation de la Parole religieuse ou magique aux Chipaya[156]). Il est une autre solution, le partage des deux Paroles entre hommes et femmes. Mais on ne peut parler de dualisme. Le dualisme suppose une corrélation. Entre la Parole d'union et la Parole d'opposition, il n'y a aucune corrélation. C'est l'artifice de l'observateur (ici Lévi-Strauss) qui peut seul établir cette "complémentarité" ; ce que faisait Niels Bohr lorsqu'il considérait les points de vue de l'homogénéisation puis de l'hétérogénéisation des expériences contradictoires destinées à prendre la mesure d'événements

---

156 Cf. chap. VII La coexistence des deux Paroles chez les Aymaras.

quantiques comme "complémentaires"[157].

Nous avons aussi rencontré ce partage des deux Paroles avec les cultures boliviennes *tarabuco* et *jalq'a*, ou encore avec les hommes d'*Isluga* qui ont une prédilection pour la Parole d'opposition alors que les femmes choisissent de préférence la Parole d'union. Dans le cas des Bororo du Brésil, il semble bien que les hommes ont la responsabilité de la Parole d'union – et même une responsabilité exclusive puisqu'ils sont "propriétaires de la maison collective" –, et que les femmes sont "exclues des mystères de la religion". Les femmes ont dès lors la responsabilité de la Parole d'opposition (les Bororo sont matrilinéaires et matrilocaux, et les femmes sont *propriétaires des huttes familiales du pourtour*).

S'il y a une vie profane qui n'est donc pas "rien" par rapport au sacré, c'est qu'elle est organisée par la Parole d'opposition, tandis que le sacré, le religieux, est organisé par la Parole d'union. Il est vrai que nous n'avons fait que constater cette association du religieux et de la Parole d'union, mais elle se rencontre si souvent que nous la tenons pour régulière.

L'organisation de l'espace doit à présent satisfaire aux exigences des deux Paroles. Ce lieu est un cercle intermédiaire entre le centre et la périphérie, à mi-distance entre la maison des hommes et de la forêt, occupant le milieu entre le pôle du mouvement centrifuge et le pôle du mouvement centripète, car le sacré diffuse du centre vers la périphérie autant qu'il

---

157 Niels Bohr soutenait dans son Allocution faite au Congrès International d'Anthropologie à Copenhague, en Août 1938, que l'interaction des
sociétés entre elles était de même nature que l'interaction de la mesure
sur l'événement observé en physique quantique : « *De même que l'on se
sert en Physique atomique du mot complémentaire pour exprimer la relation qui
existe entre faits d'expérience obtenus par des montages différents et ne pouvant être
décrits intuitivement que par des images mutuellement exclusives les unes des autres,
de même nous avons en vérité le droit de dire que des cultures différentes sont
complémentaires entre elles* ». Niels Bohr, *Physique atomique et connaissance
humaine*, Paris, Gauthier-Villars, 1972, pp. 33-46.

converge de la périphérie vers le centre. Les maisons à mi-chemin entre la nature et le sacré sont aussi le lieu de relations matrimoniales de type dualiste, c'est-à-dire de la Parole d'opposition. Sur le cercle, il est en effet possible de disposer les maisons selon une symétrie dualiste simple ou complexe, en octogone par exemple.

Lévi-Strauss estime que les diverses anomalies que l'on observe dans l'organisation du village bororo par rapport à une structure dualiste idéale se comprennent si l'on admet que les Bororo pensent simultanément leur structure sociale en perspective diamétrale et en perspective concentrique... c'est-à-dire, selon notre interprétation, simultanément avec la Parole d'opposition et la Parole d'union. Mais il ne nous apparaît plus nécessaire de faire provenir le dualisme d'une relation ternaire par l'intermédiaire d'un dualisme concentrique.

« D'un point de vue logique, il est plus raisonnable et plus économique à la fois, de traiter l'échange restreint comme un cas particulier de l'échange généralisé », disait Lévi-Strauss pour justifier sa deuxième thèse défendue dans *Anthropologie structurale*.

C'est là un argument sans réplique mais purement logique. Il est vrai que la thèse des *Structures élémentaires de la parenté* ne permettait pas d'expliquer la présence de centres ou cercles, etc. au sein des organisations dualistes. Lévi-Strauss n'avait pas encore découvert le "principe de maison", qui aujourd'hui permet de résoudre ces problèmes. La transformation imaginée par Lévi-Strauss entre l'échange généralisé et l'échange restreint par l'intermédiaire du dualisme concentrique n'est utile que si l'on veut par souci d'économie ramener à un seul principe logique toutes les choses observées. Ce principe est pour Lévi-Strauss le "principe d'opposition" :

« L'efficacité symbolique consisterait précisément dans cette "propriété inductrice" que possèderaient, les unes par rapport aux autres, des structures formellement homologues pouvant s'édifier, avec des matériaux différents, aux différents étages du vivant : processus

organiques, psychisme inconscient, pensée réfléchie »[158].

Sans doute, le principe d'opposition de Lévi-Strauss correspond-il à une grande loi de la nature, le principe de différenciation, principe de la vie. On le retrouve en effet à l'œuvre dans la construction du génome des êtres vivants, à l'origine de la paire électrons positif et négatif, et de manière plus générale, de toute matière et de son anti-matière. On peut remarquer la similitude du principe de Lévi-Strauss avec le Principe de Pauli qui en est une sorte de généralisation. Et l'on peut remonter ainsi jusqu'aux quarks !

Mais comme les organisations dualistes manifestent de nombreuses anomalies par rapport à ce que devrait être une organisation entièrement régie par le principe d'opposition, Lévi-Strauss a voulu en rendre compte en proposant une structure généralisée[159]. Il a interprété ce qui ressortait en fait du principe d'union comme une phase intermédiaire d'une réduction à deux termes d'une organisation à un nombre indéterminé de termes ; mais cette ingénieuse imagination l'a empêché de penser l'efficacité simultanée de deux principes.

Ce souci de ramener toute la réalité à un seul principe passionnait aussi Einstein. Et Lévi-Strauss n'a pas appelé "échange généralisé" et "échange restreint" les deux principales formes de la réciprocité, qu'il interprète comme échange, sans une certaine fascination comparable à celle du grand physicien pour la relativité.

---

158 Lévi-Strauss, *Anthropologie structurale, op. cit.*, p. 223.

159 *« Marcel Mauss, puis Radcliffe-Brown et Malinowski, ont révolutionné la pensée ethnologique en substituant à cette interprétation historique* (la théorie de Rivers qui pensait les organisations dualistes comme autant de produits historiques de l'union entre deux populations différentes…) *une autre, de nature psycho-sociologique, fondée sur la notion de réciprocité. Mais dans la mesure où ces maîtres ont fait école, les phénomènes d'asymétrie furent rejetés au second plan, parce qu'ils s'intégraient mal dans la nouvelle perspective. »* (*Ibid.*, p. 179).

Ne dit-il pas d'ailleurs :

« La théorie de la réciprocité n'est pas en cause. Elle reste aujourd'hui, pour la pensée ethnologique, établie sur une base aussi ferme que la théorie de la gravitation l'est en astronomie. Mais la comparaison comporte une leçon : en Rivers, l'ethnologie a trouvé son Galilée ; et Mauss fut son Newton. Souhaitons seulement que, dans un monde plus insensible que ces espaces infinis dont le silence effrayait Pascal, les rares organisations dites dualistes encore en activité puissent attendre leur Einstein, avant que pour elles – moins abritées que les planètes – ne sonne l'heure prochaine de la désintégration »[160].

Einstein, bien que ce fût lui qui ait eu le premier l'audace de considérer le *quantum* de Plank comme une entité opératoire, résista toute sa vie à l'idée de Bohr. Il ne pouvait pas croire que Dieu ne soit pas doué d'une logique de non-contradiction. Comme Einstein souhaitait la primauté de la relativité, Lévi-Strauss souhaite la généralisation du principe d'opposition, bien qu'il ait le premier bouleversé sa théorie par le principe de "maison".

Comme Einstein, Lévi-Strauss est resté longtemps fidèle à une seule conception de la réalité. Mais c'est peut-être Bohr qu'attendent les organisations dualistes, et plus certainement… Lupasco[161].

Le principe d'opposition est vrai comme l'est la théorie de la relativité, mais il doit faire de la place au principe d'union (au "principe de maison"). La Parole d'opposition trouve ses limites où commence la Parole d'union. Et, dès lors, la vie sociale apparaît fondée sur le principe du contradictoire car ces

---

160 *Ibid.*, pp. 179-180.
161 Stéphane Lupasco, *Le principe d'antagonisme et la logique de l'énergie*, Paris, Hermann, 1951. Voir aussi *Les trois matières*, Paris, Julliard, (1960) 1982. Cf. Dominique Temple, « Le principe d'antagonisme de Stéphane Lupasco », *Bulletin Interactif du Centre International de Recherches et Études Transdisciplinaires*, CIRET, n°13, 1998. Et « La théorie de Lupasco et trois de ses applications » (1998), en ligne sur le site de l'auteur.

deux Paroles sont deux expressions de la même énergie, et seul le *contradictoire* peut être à l'origine de ces deux actualisations antagonistes.

La différence entre la réalité dont s'occupent les sciences physiques et celle dont s'occupent les sciences humaines tient à l'importance du *contradictoire* par rapport à ses deux polarités non-contradictoires. La nature physique ou biologique, nous révèle la Physique moderne, n'est ni exclusivement homogène ni exclusivement hétérogène car elle est à ses limites toujours quelque peu contradictoire. L'énergie psychique, quant à elle, n'est ni homogène ni hétérogène mais essentiellement contradictoire[162]. Cette énergie échappe ainsi à toute mesure, c'est-à-dire qu'elle est hors des temps.

Le développement des institutions des organisations sociales correspond à l'actualisation synergique des deux principes religieux et politique (moniste et dualiste). Les empires du Nouveau Monde comme ceux de l'Ancien étaient ordonnés par des oppositions classificatoires et aussi par un symbolisme religieux. Ni l'interprétation dualiste seule ni l'interprétation moniste seule ne peut rendre compte des premières communautés humaines car c'est le *contradictoire* qui se révèle comme principe dominant. Leur être ne peut être connu qu'en envisageant successivement leur actualisation dans la Parole d'union et leur actualisation dans la Parole d'opposition puis en associant le résultat de ces deux Paroles. Cela ne veut pas dire que chacune de ces Paroles possède la moitié de la vérité. Chacune signifie la totalité du *sens* mais dans sa propre réalité.

---

162 Cf. Dominique Temple, « Le principe du contradictoire et l'affectivité, un nouveau postulat pour la philosophie » (2011), en ligne sur le site de l'auteur.

Il y a deux vérités. De chacune et de leur dialogue naîtra encore davantage de sens. Ces deux vérités engendrent une troisième vérité *"puspach ayllu musiñani"* :

« Les quatre ayllu aimons-nous, respectons-nous, faisons la paix… »[163]

---

163 Cf. chap. VII La coexistence des deux Paroles chez les Aymaras.

Conclusion

La réciprocité primordiale donne naissance à l'être social. Mais les choses peuvent être inversées, c'est maintenant l'être qui est à l'initiative, c'est lui qui parle, et la Parole prend comme signifiants premiers les dynamismes mêmes de la nature : *union* et *opposition*.

La Parole a deux clefs : l'une à deux pans, la Parole d'opposition ; l'autre à un pan, la Parole d'union. 2 + 1 sont des figures emblématiques de la fonction symbolique aux origines. La fonction contradictorielle, qui peut être dite l'efficience de l'être, rétablit du *contradictoire*, toujours par la réciprocité, dans la parole elle-même. La fonction contradictorielle (principe de croisée, principe de liminarité) se manifeste concrètement par les organisations dualistes et les organisations que nous avons appelées monistes.

Il faut souligner que dans ces deux Paroles primordiales, l'être n'est pas individuel. Seul le parlant est individuel. L'être, lui, requiert la contribution de l'autre. Dans une parole comme dans l'autre, celui qui parle doit à l'autre de pouvoir dire une valeur qui ne lui appartient pas, qui appartient d'abord à la réciprocité ; c'est-à-dire une valeur dont il sent qu'elle n'est pas lui ni l'autre mais un plus d'être, l'Autre. Or, il voit cet Autre dans l'expression du visage de l'autre.

De plus, lorsque l'Autre parle par lui, c'est à l'autre qu'il s'adresse, qu'il doit traverser par sa parole avant que celle-ci ne puisse avoir un sens pour lui-même. C'est presque de l'autre que l'on reçoit sa propre parole. L'autre est le révélateur de l'Autre.

La présence de l'Autre est encore plus évidente lorsque la Parole d'union mène le jeu. C'est par un "Il" que l'Autre parle. Ce "Il", beaucoup de communautés le confient à un tiers : l'étrange, l'anormal, un être à part. Bien souvent, le *chaman*, chargé de la Parole d'union, est choisi parmi les êtres exceptionnels, ambigus ou fragiles qui ne se laissent pas "qualifier" de manière immédiate en termes d'opposition... personnes asexuées, bisexuées ou stériles... L'Autre parle alors par "Il" qui est un tiers par rapport à "Je et Tu". *Un inconnu parle pour l'Autre.*

Par ailleurs, grâce à la structure de réciprocité ternaire qui assure l'individuation de l'être, l'homme devient le principe singulier de l'universel.

Nous avons souhaité dégager les principes qui dans les sociétés primitives révèlent le primordial, disent les conditions d'avènement de l'humanité, et, pour comprendre comment les organisations sociales, économiques, politiques, religieuses engendrent le sens et la liberté, nous avons proposé une réévaluation de plusieurs catégories : le principe de réciprocité, le principe du contradictoire, le principe d'opposition et le principe d'union, et nous avons même proposé de nouvelles catégories, le principe de croisée, le principe de liminarité, tous deux expressions de la fonction contradictorielle, et nous avons réévalué le principe dualiste et le principe moniste, ainsi que la réciprocité ternaire à l'origine de la dialectique du don et de la dialectique de la vengeance.

Certaines études ethnologiques révèlent comme des gravures le profil des deux Paroles, mais il n'est pas de communauté, de société, de civilisation qui ne déploie leurs interférences en fresques immenses, complexes, diverses et colorées.

Alors que la conscience naît de façon affective de la relativisation des contraires dans le creuset de la réciprocité, chacune des deux Paroles fait apparaître à ses limites une représentation objective des choses. Aussitôt, les passions religieuses et politiques s'emparent du *sens* en fonction de ces représentations et transforment la liberté créatrice en pouvoir.

Que ce soit par leur conciliation sous une autorité bicéphale ou que ce soit par la subordination de l'une à l'autre, que ce soit par leur conflit ou leur appariement, les deux Paroles n'en écrivent pas moins l'histoire de la conscience qui renaît toujours de la même matrice, se reproduit systématiquement par le langage et se renouvelle à chaque génération. Cette genèse tourmentée qu'anime leur antagonisme n'est-elle pas en définitive la vie de l'âme et de l'esprit ?

BIBLIOGRAPHIE

Bohr Niels, *Physique atomique et connaissance humaine*, Paris, Gauthier-Villars, 1972.

Cereceda Verónica, « A partir de los colores de un pájaro... », *Boletín del Museo Chileno de Arte Precolombino*, n°4, Santiago de Chile, 1990, pp. 57-104. Trad. Fr. : « Sémiologie des tissus andins, les talegas d'*Isluga* », *Annales*, Économies, Sociétés, Civilisations, Collection Persée, 33e année, n° 5-6 sept.-oct., Paris, Armand Colin, 1978, pp. 1017-1035

Cereceda Verónica, Dávalos Jhonny & Jaime Mejía, « Una diferencia, un sentido : los diseños de los textiles Tarabuco y Jalq'a », Sucre, ed. ASUR, Antropólogos del Surandino, Bolivia, 1993.

Deshayes Patrick & Barbara Keifenheim, *Penser l'Autre chez les indiens Huni Kuin de l'Amazonie*, (Préface de Robert Jaulin), Paris, L'Harmattan, 1994.

Gasarabwe Édouard, *Le geste rwanda*, Paris, Union Générale d'Éditions, Coll. 10/18, 1978.

Gebhart-Sayer Angelika, *The Cosmos Encoïled : Indian art of the Peruvian Amazon*, Catalogue de l'exposition organisée en 1984 par le Center for Inter-American Relations (690 Park Avenue, New York 10021), Washington, 1984.

Gebhart-Sayer Angelika, « The Geometric Designs of the Shipibo-Conibo in ritual context », *Journal of Latin American Lore* 11, n° 2, 1985, pp. 143-175.

Granet Marcel, *La civilisation chinoise* (1929), Paris, Albin Michel, 1988.

Jaulin Robert, *Gens du soi, gens de l'autre*, Paris, éd. 10/18, 1973.

Leenhardt Maurice, *Do Kamo. La personne et le mythe dans le monde mélanésien*, Paris, Gallimard (1947, réed. 1971), 1985.

Le Roy Ladurie Emmanuel, *Montaillou, village occitan de 1294 à 1324*, Paris, Gallimard, 1975.

Lévi-Strauss Claude, *Les structures élémentaires de la parenté*, Paris-La Haye, éd. Mouton & Co, (1947), 1967.

Lévi-Strauss Claude, *Anthropologie structurale*, Paris, Plon (1958), rééd. 1974.

Lévi-Strauss Claude, *La pensée sauvage*, Paris, Plon, 1962.

Lévi-Strauss Claude, *Paroles données*, Paris, Plon, 1984.

Lupasco Stéphane, *Le principe d'antagonisme et la logique de l'énergie. Prolégomènes à une science de la contradiction*, Paris, Hermann, Coll. « Actualités scientifiques et industrielles », n° 1133, 1951.

Lupasco Stéphane, *Les trois matières*, Paris, Julliard, 1960 ; rééd. en poche, Coll. 10/18, 1970, 3e éd. Strasbourg, Cohérence, 1982.

Martínez Rosalía, *Musique du désordre, musique de l'ordre, le calendrier musical chez les Jalq'a (Bolivie)*, Thèse de Doctorat en Ethnologie, 1994, Paris X, Nanterre.

Mauss Marcel, « Essai sur le don. Forme et raison de l'échange dans les sociétés archaïques », *L'Année sociologique*, seconde série, 1923-1924 ; rééd. *Sociologie et Anthropologie*, Paris, PUF (1950), 1991.

Melià Bartomeu, *El guaraní conquistado y reducido*, ensayos de etno-historia, vol. 5, Biblioteca Paraguaya de Antropología, Centro de Estudios Antropológicos, Asunción del Paraguay, 1988.

Melià Bartomeu & Dominique Temple, *El don, la venganza y otras formas de economía guaraní*, Centro de Estudios Paraguayos Antonio Guasch, Asunción del Paraguay, 2004.

Murra, John V. & Nathan Wachtel, « Présentation », *Annales, Économies, Sociétés, Civilisations*, Collection Persée, 33e année, n° 5-6 sept.-oct., Paris, Armand Colin, 1978, pp. 889-894.

Platt Tristan, « Espejos y maíz ; el concepto de *Yanantin* entre los Macha de Bolivia », *Parentesco y matrimonio en los Andes*, Pontifica Universidad Católica del Perú, Lima, 1980. Trad. fr. : « Symétries en miroir. Le concept de yanantin chez les Macha de Bolivie », *Annales*, Collection Persée, 33e année, n° 5-6 septembre-octobre, Paris, Armand Colin, 1978, pp. 1081-1107.

Rivière Gilles, « Quadripartition et idéologie dans les communautés aymaras de Carangas » (Bolivie), *Bulletin de l'Institut Français des Études Andines*, n° 3-4, Lima, 1983.

Sahlins Marshall, *Au cœur des sociétés. Raison utilitaire et raison culturelle* (1976), Collection Bibliothèque des Sciences humaines, Gallimard, 1980.

Susnik Branislava, *El indio colonial del Paraguay*, Museo Etnográfico "Andrés Barbero", Asunción del Paraguay, 1965-1966.

Temple Dominique & Mireille Chabal, *La réciprocité et la naissance des valeurs humaines*, Paris, L'Harmattan, 1995.

Temple Dominique, *Lévistraussique : La réciprocité et l'origine du sens*, Collection *réciprocité*, n° 6. 1ère publication dans *Transdisciplines*, Paris, L'Harmattan, avril 1997, pp. 9-42.

Temple Dominique, *La réciprocité négative . Les Tupinamba*, Collection *réciprocité*, n° 5. Version française du chapitre "*El nombre que viene por la venganza*", dans Bartomeu Melià et Dominique Temple, *El don, la venganza, y otras formas de economía guaraní*, Centro de Estudios Paraguayos "Antonio Guasch", Asunción, del Paraguay, 2004.

Temple Dominique, « Le Quiproquo Historique chez les Guarani », publication en castillan dans *Teoría de la Reciprocidad*, Padep-Gtz, La Paz, 2003, et dans *Ñande Reko Comprensión guaraní de la Vida Buena* (Javier Medina coord.), FAM Bolivia "Gestión Pública Intercultural", n° 7, La Paz, (2002), rééd. 2008, pp. 43-85.

Temple Dominique, « L'imaginaire et le symbolique » (1999), publié dans *Teoría de la reciprocidad*, vol. III, Padep-gtz, La Paz, 2003.

Temple Dominique, « Le sceau du serpent », *La Céramique et le Verre*, n° 64 "L'art céramique shipibo", Vendin-le-Vieil, Mai-Juin 1992.

Temple Dominique, « Essai sur l'œuvre de Josias Semujanga : *Récits fondateurs du drame rwandais* » (1999). En ligne sur le site de l'auteur.

Temple Dominique, « Le principe d'antagonisme de Stéphane Lupasco », *Bulletin Interactif du Centre International de Recherches et Études Transdisciplinaires*, CIRET, n° 13, 1998.

Temple Dominique, « La théorie de Lupasco et trois de ses applications » (1998), publié en castillan dans *Teoría de la reciprocidad*, Padep-gtz, La Paz, 2003.

Temple Dominique, « Le principe du contradictoire et l'affectivité, un nouveau postulat pour la philosophie » (2011), en ligne sur le site de l'auteur.

Temple Dominique, « Ethnocide, économicide, génocide au Rwanda », *Transdisciplines*, Paris, L'Harmattan, n° 13-14, Septembre-Décembre 1995.

Temple Dominique, « L'impasse génocidaire », *La revue du M.A.U.S.S. semestrielle*, n° 10, second semestre 1997, pp. 269-277.

Turner Victor Witter, *The Ritual Process* (1969). Trad. fr. *Le Phénomène rituel. Structure et contre-structure*, Paris, PUF, 1990.

La plupart des articles de Dominique Temple sont disponibles en français et en castillan sur son site :
http://dominique.temple.free.fr/

Imprimé à la demande par Lulu.com
Dépôt légal Août 2017
Illustration de couverture : Verónica Cereceda,
A partir de los colores de un pájaro